DOMINIC DE SOUZA
FRAN TELLES

# MÉTODO CAPIVARA

# Executivos que abrem cada capítulo com seu comentário

É impossível expressar plenamente o quanto somos gratos a esses executivos. Além de contribuírem com suas assinaturas para esta obra, cada palavra e comentário deles foram incorporados como aprendizados e ajustes valiosos. Reservamos um lugar especial para esses excelentes profissionais. Assim, cada capítulo começa com um comentário deles, enriquecendo e aquecendo nossa leitura ao longo do livro.

DOMINIC DE SOUZA
FRAN TELLES

# MÉTODO CAPIVARA

Com abrangência, profundidade e o momento certo, implemente na sua corporação e na sua vida o

# ESG

Literare Books
INTERNATIONAL
BRASIL · EUROPA · USA · JAPÃO

**Presidente do conselho:**
Maurício Sita

**Presidente:**
Alessandra Ksenhuck

**Vice-presidentes:**
Cláudia Pires e Julyana Rosa

**Diretora de projetos:**
Gleide Santos

**Coordenadora de projetos:**
Daiane Almeida

**Editor:**
Helder Novaes

**Assistente editorial:**
Júlia Almeida

**Capa e projeto gráfico:**
Gabriel Uchima

**Idealização da capa:**
Leonardo Oshiro de Souza

**Diagramação:**
Alexandre Alex Alves

**Revisão:**
Josué Dantas da Silva, Cristiane Fogaça e Débora Zacharias

**Impressão:**
Printi

**Dados Internacionais de Catalogação na Publicação (CIP)**
**(Câmara Brasileira do Livro, SP, Brasil)**

Souza, Dominic de
Método capivara : com abrangência, profundidade e o momento certo, implemente na sua corporação e na sua vida o ESG / Dominic de Souza, Fran Telles. -São Paulo : Literare Books International, 2025.

ISBN 978-85-9455-323-2

1. Estratégia empresarial 2. Gestão de negócios 3. Governança 4. Liderança 5. Sucesso nos negócios I. Telles, Fran. II. Título.

24-239442 CDD-658

**Índices para catálogo sistemático:**

1. Gestão de negócios 658

Eliete Marques da Silva - Bibliotecária - CRB-8/9380

Literare Books International Ltda.
Alameda dos Guatás, 102 – Saúde – São Paulo, SP.
CEP 04053-040
Fone: +55 (0**11) 2659-0968
site: www.literarebooks.com.br
e-mail: literare@literarebooks.com.br

MISTO
Papel | Apoiando o manejo florestal responsável
FSC® C196274

# SUMÁRIO

# Prefácio

Ser mulher é uma tarefa sublime, porém repleta de percalços e estigmas sociais atribuídos a nós desde o início de nossas vidas. Quando comparamos as responsabilidades sociais das mulheres, como cuidar da família e dos filhos, assumir múltiplas funções e usufruir de benefícios legais, com as dos homens, percebemos que estes possuem muito menos obrigações. Apesar do surgimento de novas modalidades de trabalho, como o home office e o sistema de trabalho como pessoa jurídica, que oferecem mais flexibilidade, ainda assim muitas mulheres são prejudicadas apenas pelo fato de a sociedade impor a elas papéis que não são impostos aos homens. A expectativa baseada em estereótipos de gênero, como a crença de que as mulheres são menos competentes em determinadas áreas, a falta de políticas de equilíbrio entre vida pessoal e profissional em muitas empresas, e os preconceitos inconscientes e não intencionais também são formas de discriminação sutil contra as mulheres.

No ambiente de trabalho, as mulheres enfrentam diversos tipos de discriminação. Com frequência, são remuneradas de forma inferior aos homens, ainda que possuam qualificações semelhantes, e podem ser preteridas em promoções para cargos de liderança. Além disso, são alvo de comentários inapropriados, estereótipos de gênero que as colocam como menos capazes em determinadas funções e tratadas de maneira desfavorável quando grávidas ou mães.

Nos estereótipos físicos, mulheres precisam sempre estar "dentro dos padrões", como se devessem sempre estar disponíveis para as avaliações da sociedade. Nas convenções históricas, a mulher sempre tem e teve que ser a cuidadora, a companheira, a auxiliadora... porém, quando decidiu ser a dona de sua própria vida, e escolher ser aquilo que quisesse ser, foi ainda mais cobrada pelos costumes e padrões sociais.

É neste contexto desafiador que a adoção de práticas ESG (Environmental, Social and Governance, ou Ambiental, Social e Governança, em português) surge como um farol de esperança para as mulheres. Essas medidas visam promover a equidade de gênero, inclusão e diversidade no âmbito empresarial e na sociedade em geral. Esse objetivo está alinhado com o Objetivo de Desenvolvimento Sustentável número 5 da ONU, que visa alcançar a igualdade de gênero e empoderar todas as mulheres e meninas.

Quando essa abordagem é implementada no ambiente corporativo, essas medidas não só fortalecem a empresa em termos éticos e morais, mas também podem impulsionar a performance financeira e a reputação da organização, atraindo talentos diversos e satisfazendo investidores com preocupações sociais.

Analisando esta mesma abordagem para o posicionamento da mulher como cidadã, entendemos que o lugar dela é onde ela quiser, sem ter a necessidade de se mostrar melhor ou mais competente; simplesmente ser aquilo que ela quiser.

É com grande entusiasmo que apresento a vocês o *Método Capivara: com abrangência, profundidade e o momento certo, implemente na sua corporação e na sua vida o ESG*. Este livro chega em um momento crucial, oferecendo não apenas uma visão teórica, mas uma ferramenta prática e inovadora para implementar mudanças reais e mensuráveis nas organizações.

Imagine um mundo onde as empresas não apenas geram lucros, mas também impactam positivamente o planeta e a sociedade. Um mundo onde a sustentabilidade, a responsabilidade social e a ética nos negócios andam de mãos dadas com o crescimento econômico. Este é o mundo que o ESG promete construir, e o Método Capivara nos mostra como chegar lá.

Nas páginas que se seguem, você está prestes a embarcar em uma jornada transformadora. Por meio de uma abordagem única, que combina psicologia aplicada, gerenciamento de projetos e neurociência, você aprenderá a implementar o ESG de forma eficaz e mensurável em sua organização. Também conhecerá o Dico, nosso simpático guia nessa jornada, que personifica os princípios de Abrangência, Profundidade e o momento certo para agir, essenciais para o sucesso em ESG. Prepare-se para mergulhar em casos reais de empresas líderes que já colhem os frutos de suas iniciativas ESG.

Este livro pode mudar sua visão de mundo. Pode despertar em você um desejo irresistível de fazer a diferença, de liderar a mudança em sua organização e além. Pode, inclusive, transformar sua carreira e sua vida pessoal.

Então, está pronto para se tornar um verdadeiro líder ESG? Pronto para descobrir como implementar práticas sustentáveis com precisão e impacto, impulsionar a inovação no momento oportuno e construir um legado positivo para as gerações futuras?

Vire a página e dê o primeiro passo nessa jornada transformadora. O futuro do ESG começa agora, e começa com você aprendendo a agir com abrangência e profundidade, sempre no momento certo.

Bem-vindo ao Método Capivara. Vamos juntos construir um mundo melhor, um negócio de cada vez, no tempo certo.

# Apresentação

Caro leitor,

Quero iniciar nossa conversa compartilhando algo inusitado que fiz nesta obra. Pela primeira vez, quebrei uma das minhas próprias regras: **revisei e atualizei o livro**, deixando-o cronologicamente ainda mais claro. Nos vídeos que publiquei sobre o método de como escrever um livro, sempre enfatizei a importância de não revisar excessivamente para manter a autenticidade e a espontaneidade do conteúdo. Contudo, ao abordar um tema tão dinâmico como ESG, que está em constante evolução, senti que era necessário abrir uma exceção.

Ao longo dos anos, vimos como ele se tornou um imperativo estratégico, redefinindo o sucesso empresarial. Em 2024, testemunhamos um caso de sucesso, a empresa **50Mais**, que exemplifica essa transformação, e será fascinante revisitar essa história em 2025, quando esta estará no centro das atenções.

Nos últimos anos, o mundo dos negócios tem passado por uma transformação significativa. As preocupações com questões ambientais, sociais e de governança (ESG) deixaram de ser apenas uma tendência e se tornaram um imperativo estratégico para as empresas. O ESG não é mais visto como um simples conjunto de boas práticas, mas sim como um novo paradigma de negócios, que oferece oportunidades de crescimento e inovação.

Quando o conceito de ESG surgiu, durante uma cúpula da ONU, há algumas décadas, muitos acreditaram que seria apenas mais uma finalidade para as empresas. No entanto, o que estamos presenciando é o surgimento de um mercado em rápida ascensão, no qual organizações de todos os setores podem e devem se inserir. Seja para aumentar a receita, seja para não perder espaço no mercado, o ESG se tornou uma questão de sobrevivência.

No Brasil, o marco do Índice de Sustentabilidade Empresarial da B3 impulsionou ainda mais a discussão sobre o ESG. No entanto, apesar do crescente interesse pelo tema, muitas organizações ainda enfrentam desafios na implementação prática de ações e projetos relacionados ao ESG. Fatos como a ausência de diálogo entre especialistas de diferentes áreas e a complexidade dos conceitos podem levar a abordagens inadequadas e resultados aquém do esperado.

É nesse contexto que o *greenwashing* – ou, como costumamos chamar, "lavando o porquinho" – se torna um risco real, onde organizações podem ser tentadas a utilizar ações de marketing para persuadir o público de que seus produtos, objetivos e políticas são ecologicamente corretos, quando, na verdade, não o são, ou tão somente parcialmente sustentáveis.

Diante desse cenário, aliado às experiências de nossas trajetórias profissionais, foi que emergiu a vontade de escrever este livro, na missão de contribuirmos com o tema, revelando que o ESG pode e deve ser acessível, compreensível e aplicável não só por especialistas, mas por qualquer profissional que deseja integrar tais práticas na estratégia do seu negócio.

Queremos convidá-lo a treinar conosco, a colocar os óculos ESG e enxergar o mundo com mais **ABRANGÊNCIA** e **PROFUNDIDADE**, mas sempre **NO MOMENTO CERTO**.

Nas próximas páginas, você conhecerá o amigo DICO, que guiará por meio do Método Capivara, uma abordagem inovadora, o entendimento dos conceitos e aplicação do ESG de forma fácil, prática e eficaz. E, então, exploraremos juntos os pilares do ESG – Ambiental, Social e Governança – e aprenderemos como implementá-los nos níveis: operacional, tático e estratégico.

Prepare-se para uma jornada transformadora, repleta de *insights*, casos de sucesso e exercícios práticos. Ao final deste livro, você estará equipado com as ferramentas necessárias para liderar a transformação ESG em seu negócio, impulsionando a transição para um futuro mais sustentável, resiliente e próspero para todos.

Vamos lá?

# Depoimento de Pedro Wilson Leitão

## A 50Mais gera valor compartilhado através da logística

Desde sua fundação em 2017, a 50Mais atua sobre a premissa da sustentabilidade, da inovação tecnológica e da responsabilidade social. Fundamentada a partir desses pilares, a empresa atua a partir de um propósito mais amplo e genuíno, resolvendo questões de negócio, do setor, da sociedade e do planeta.

## Inovação e Sustentabilidade para romper fronteiras

Em um mundo em que precisamos de respostas urgentes para o contexto ambiental, a 50Mais coloca em prática o seu compromisso com a sustentabilidade. O avanço tecnológico é uma alavanca que permite estabelecer rotas inteligentes que otimizam as operações e reduzem as emissões de carbono na atmosfera.

Em apenas um projeto piloto, realizado em maio de 2024, com uma grande empresa de telecomunicações, a 50Mais implementou entregas de última milha utilizando bicicletas elétricas e veículos não movidos à combustível fóssil, resultando em uma redução de 20,13% nas emissões de $CO_2$. Iniciativas como essa cumprem com regulamentos, mas também mobilizam pelo exemplo, redefinindo práticas que geram menos impactos em centros urbanos e inspirando uma mudança significativa no setor.

Um outro aspecto relevante da 50Mais é seu programa de logística reversa com troca casada, em que consumidores têm a oportunidade de devolver suas cápsulas usadas quando recebem as novas. Esse sistema promove a economia circular, movimentando materiais de volta à cadeia de produção, como alumínio e plástico, transformando resíduos de café em adubo orgânico. Projetos dessa natureza geram impactos em diversas esferas como a reciclagem e a mobilização de pessoas para um consumo mais sustentável.

## Tecido social diverso e intergeracional

Empatia e humanidade são valores essenciais da 50Mais. Além de impulsionar a responsabilidade ambiental, a empresa se destaca no fortalecimento comunitário ao integrar indivíduos acima dos 50 anos e pessoas não adaptadas a novas tecnologias ao mercado de trabalho. Além disso, a empresa valoriza as características que tornam cada indivíduo ou grupo únicos como raça, gênero, origem, habilidades, cultura, valores e crenças, cultuando um tecido social diverso e inclusivo.

Embora haja um crescente reconhecimento da diversidade, a barreira do etarismo no mercado de trabalho ainda precisa ser superada para evitar impactos econômicos e sociais de curto, médio e longo prazo. Nesse sentido, a 50Mais une a experiência e conhecimento dos mais velhos com a visão e inovação dos mais jovens. Esses dois esforços, trabalhando juntos, criam benefícios únicos que ecoam da **intergeracionalidade**.

Em uma iniciativa marcante, a 50Mais realizou entregas de um kit desenvolvido especialmente para cães com idade mais avançada. A distribuição desses produtos foi efetuada por *couriers seniors* da empresa, que, com a assistência de uma equipe tecnológica jovem e dinâmica, proporcionaram uma experiência única e personalizada para cada pet e cada tutor.

## O papel das 50Mais como agente de mudança

A 50Mais acredita que logística não é apenas sobre rotas, soluções ou infraestrutura. É sobre entregar valor, eliminando distâncias e promover conexões relevantes. A organização prova que é possível uma empresa de logística atuar não apenas de forma autocentrada ou focada no setor, mas ser um agente de mudanças.

Ao integrar o impacto positivo no cerne de sua estratégia, a 50Mais não apenas cumpre com seu dever corporativo, mas ressignifica o que é ser uma empresa consciente e responsável no século XXI.

Conheci o Dominic em 2024, num telefonema sobre um novo curso da StartSe, o MBN, e quando passamos a interagir no dito curso, percebi um propósito genuíno nos seus projetos. Essa seriedade sempre abordada de forma leve e lúdica traz propósitos genuínos e para o bem comum.

O termo ESG parece, às vezes, desgastado e chega a ser desprezado em alguns círculos, entretanto, nunca foi tão importante e com conceitos tão necessários para o equilíbrio da vida neste planeta.

Este livro recoloca o conceito que sua relevância merece; numa abordagem leve e bem embasada se torna leitura inicial recomendada para qualquer pessoa.

Quando recebi a prova do livro, fui impactado pelos *insights* que descrevo aqui:

***"Treino difícil, prova fácil"***, assim o Dominic chamou minha atenção, combinando esporte de alta performance ao mundo empresarial.

***"ABRANGÊNCIA e PROFUNDIDADE,*** *mas sempre* ***NO MOMENTO CERTO"***, outro conceito relevante que o Dominic traz e se aplica a qualquer pessoa o tempo todo, de qualquer geração.

***"Greenwashing"***, ou, como o Dominic costuma chamar, ***"lavando o porquinho"***, serve de alerta para o real objetivo das ações e propósito verdadeiro que nos inspira

***"Método Capivara"*** soa até uma brincadeira, ou folclore, mas é muito sério e útil. Já o grande pensamento e *driver* fundamental para todo universo ESG e para nossas vidas está nesta frase essencial: **"Nunca é sobre você, é sempre sobre o outro".**

Boa leitura.

# CAPÍTULO 1

# CAPÍTULO 1

# ESG: de agenda sustentável para um novo paradigma de negócios

Nos últimos anos, o impacto das empresas no meio ambiente e na sociedade tem se tornado cada vez mais evidente. A crescente preocupação das pessoas com questões relacionadas à responsabilidade social e à postura das empresas frente a esses desafios tem impulsionado uma mudança significativa na forma como os negócios são conduzidos. As instituições estão ampliando suas perspectivas para além das métricas financeiras, passando a considerar seus impactos sociais, ambientais e de governança.

O termo *Environmental, Social and Governance* (ESG – sigla em inglês) ou Ambiental, Social e Governança (ASG – em português) tornou-se uma forma de avaliar se as operações das empresas são socialmente responsáveis, sustentáveis e corretamente gerenciadas. Esse conceito é usado para descrever o quanto um negócio busca meios de minimizar seus impactos no meio ambiente, se preocupa com as pessoas e adota boas práticas administrativas.

O pilar Ambiental (*Environmental*) engloba as práticas corporativas voltadas ao meio ambiente, como o debate sobre aquecimento global, diminuição da emissão de carbono, poluição do ar e da água, desmatamento e gestão de resíduos. A crescente importância da compra de créditos de carbono evidencia o potencial desse pilar na categoria de Economia Verde.

Já o pilar Social está relacionado à responsabilidade social e ao impacto da empresa em prol da comunidade, abrangendo questões como respeito aos direitos humanos e às leis trabalhistas, diversidade da equipe, segurança no trabalho, proteção de dados e privacidade, envolvimento com a comunidade e investimento social privado.

O pilar Governança, por sua vez, impõe aos líderes a eficiência da gestão e do controle dos processos, estando ligado às políticas de administração da empresa, como conduta corporativa, composição do conselho, práticas anticorrupção, existência de um canal de denúncias, auditorias e ferramentas de gestão de fornecedores.

Embora esses conceitos não sejam novos, o que tem despertado cada vez mais a atenção das pessoas para o ESG é o impacto que esses fatores têm trazido às empresas no mercado. Os grandes investidores institucionais, interessados na rentabilidade das empresas das quais são acionistas, passaram a aumentar a cobrança pela adoção e divulgação de práticas de negócios baseadas em ESG. A falta de compromisso ambiental tem sido vista como um risco crescente para a sustentabilidade do sistema financeiro global.

As empresas e investidores mais atentos já perceberam que a sobrevivência de seus negócios depende da continuidade da espécie humana, fortemente ameaçada pela crise climática iminente. Ao mesmo tempo, os pequenos investidores, cada vez mais presentes nas bolsas de valores pelo mundo, analisam os relatórios e as estratégias de ESG adotadas pelas empresas para escolher o direcionamento de seus aportes.

Um estudo da gestora de ativos BlackRock mostra que investidores de 27 países, inclusive o Brasil, pretendem dobrar os recursos alocados em sustentabilidade até 2025. Paralelamente, o lado lucrativo do ESG começa a despontar, e os riscos financeiros de não adotar as melhores práticas sociais e ambientais começam a se materializar.

Larry Fink, CEO da BlackRock, em uma carta aberta divulgada em 2019, recomendou às empresas que investissem em suas reputações. Segundo ele, as empresas que não tiverem uma boa reputação estão fadadas a desaparecer em seis anos, além de performarem 65% a menos. Com uma carteira de 3 a 10 trilhões de dólares, não há como negar a relevância de suas palavras.

O ESG tem um grande impacto positivo na forma como uma empresa é vista, independentemente de seus resultados financeiros, em um cenário em que o propósito e os valores de uma empresa têm sido priorizados por investidores e consumidores finais. Assim, um novo paradigma de negócios está sendo implementado nas empresas, sobretudo nas de capital aberto, no qual o desempenho nos critérios de ESG pode fazer toda a diferença na cotação de mercado da empresa e influenciar a votação dos acionistas.

O estudo *Impacto global em escala: ação corporativa em temas ESG e investimentos sociais 2020*, realizado pelo Chief Executives for Corporate Purpose (CECP), grupo global que reúne CEOs de mais de 200 empresas com US$20 trilhões em ativos sob gestão, indica que 72% das companhias aumentaram a quantidade de relatórios socioambientais.

O contexto da pandemia global levou toda a sociedade a repensar suas condutas, inclusive o mercado financeiro. Mas parece que a pandemia foi apenas uma faísca para essas transformações latentes na sociedade, segundo avaliam os executivos. É por isso que uma estratégia ESG, com ações concretas e de credibilidade, que, gerando resultados e valor para a empresa, para partes interessadas e para o meio ambiente, deixou de ser opcional.

A implementação dos fatores ESG contribui para tornar os negócios mais responsáveis, engajados com a sustentabilidade e a nova economia. O que antes eram apenas boas práticas corporativas tornaram-se um novo e promissor paradigma de negócios, impulsionando a transição para um futuro mais sustentável e resiliente.

O Dominic é uma das pessoas ***mais disruptivas, dinâmicas e resilientes que conheço.*** Um ser humano sem igual, capaz de se desdobrar para fazer o melhor se transformar em algo novo e bacana. Super entusiasmado com a vida e com o novo, ele é dessas pessoas que sempre fazem falta numa discussão sobre futurismo e oportunidades de novos negócios. Para além disso, é um ser humano ímpar, um amigo com quem sempre se pode contar!

# CAPÍTULO 2

# CAPÍTULO 2
# O amigo DICO

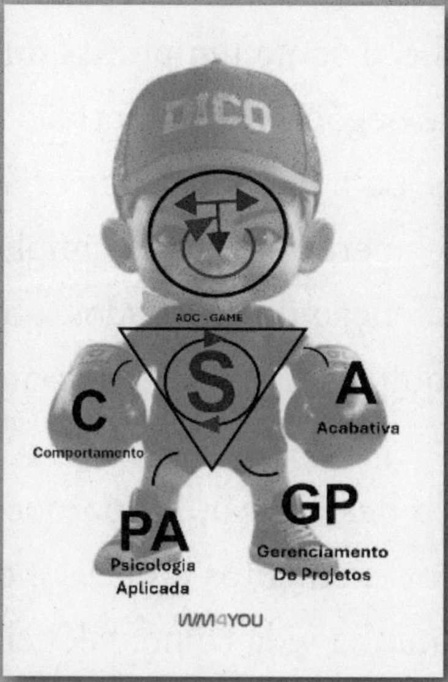


"**Treino difícil, prova fácil**". Para mim, Dominic, essa frase resume minha filosofia de vida. Não há surpresas para quem se desafia diariamente, testando seus limites. Minha vida é assim. Todos os dias, o treino é sempre mais difícil do que o anterior, como se fosse o último antes da prova, mesmo que não haja uma prova marcada. Mas por quê?

A psicologia aplicada, uma área que sempre me interessou estudar, explica por que preparar seu corpo e sua mente para lidar com seus pontos mais vulneráveis é a chave para o autocontrole e para um planejamento estratégico de qualquer plano que você queira executar. Mas a forma como cheguei a esse conhecimento não foi tão óbvia.

Hoje me reconheço como um profissional de alta energia, com sólida visão de negócios, forte aptidão técnica e instintos naturais de vendas. Com habilidade em criação e reestruturação de processos comerciais, desde a implementação de metodologias para obtenção de resultados, até a consolidação e treinamento de equipes distintas, *Inside Sales* e *Outside Sales*, por exemplo.

Mas se hoje falo deste lugar, foi porque treinei duro para conseguir. Depois de momentos cruciais e de diversos pontos altos e baixos em minha vida como: falências e recuperações, obesidade e bariátrica, de menos 30 kg em 3 anos até me tornar um executivo de vendas, um atleta de triatlo e medalhista do Ironman. Muitas histórias, oportunidades, grandes amizades e muito aprendizado me fizeram chegar até aqui.

Hoje olho para minha experiência de vida – pessoal e profissional – para os livros que já escrevi e para os que ainda quero escrever, e consigo entender como este meu mantra pessoal "treino difícil, prova fácil" sempre esteve lá, junto comigo, me ajudando a enfrentar os maiores desafios da minha vida.

Foi nesse espírito que o método emergiu, para tornar os conceitos do ESG compreensíveis e aplicáveis para o negócio e para a vida, tornando alcançável uma nova visão de mundo para a realidade.

Vale dizer que nunca trilhei este caminho sozinho, há um tempo me aproprio da parceria do amigo Dico. Até então nossa amizade estava reservada aos momentos mais íntimos e formas de vazão às minhas ideias, criação, desenvolvimento de métodos e preparação dos meus conteúdos; com ele busco inspirações para minhas iniciativas e soluções, trocamos dicas valiosas já utilizadas para superação de muitos desafios. Ele surgiu num momento crucial na minha vida, de um processo conturbado na minha primeira falência, me trazendo a ponte para sair do outro lado. Daí pra frente, nos unimos ainda mais, ele é recheado de dicas, dinâmico, otimista, com espírito inovador. Mas não para por aí, Dico é bem estruturado, composto dos pés à cabeça por metodologias que trazem dicas que podem permear vários assuntos, conseguindo compor visão estratégica, tática e operacional, promovendo facilidade na aplicação. Agora, deixando o anonimato de lado, apresento o Dico a você.

O Dico é um caminho, um suporte, sempre com uma inspiração em forma de método bem estruturado, mapeado em seu corpo a representação de todos os conceitos-chave que nos ajudarão nessa jornada da seguinte forma:

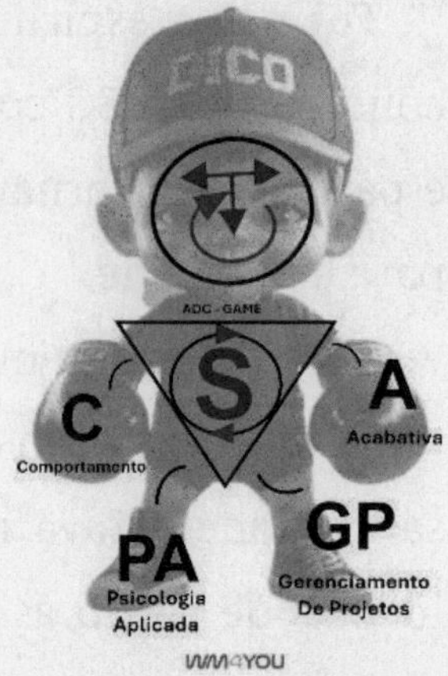


Sua cabeça é a representação fundamental da metodologia. No círculo, as setas centrais oculares indicam ABRANGÊNCIA e PROFUNDIDADE enquanto a semicircular, apontando para a esquerda, forma um sorriso que determina o MOMENTO CERTO de falar.

Antes do seu tronco, conectado ao pescoço, encontra-se a sigla ADC-GAME do Angustiar, Direcionar e Celebrar da psicanálise, unidos ao *Gamification*, do behaviorismo.

No seu peito o super S de SUSTENTÁVEL, tendo como aliados o C de COMPORTAMENTO no braço esquerdo e o A de ACABATIVA no direito.

Nos membros inferiores, temos posicionados aos seus pés o PA de PSICOLOGIA APLICADA e o GP, que se refere ao GERENCIAMENTO DE PROJETOS. Então, já deu para notar que ser amigo do Dico é estar bem-acompanhado, com as melhores referências técnicas e com a confiança que só alguém que já aplicou tudo isso na prática tem.

Sabendo dessa estrutura inicial, você vai entender o que o Dico trará no *Método Capivara*, título deste livro, dicas leves para transformar complexidades relacionadas ao tema ESG para uma visão mais simplificada. Tudo isso com pitadas de bom humor e temperadas com boas histórias – relacionadas à psicologia aplicada e ao comportamento humano.

Mas se o que você quer é realmente uma ajuda para virar a chave da sua visão sobre ESG, então pode confiar que o Dico já me ajudou muito e também vai te ajudar a sair do outro lado, transformando informações complexas em dicas leves – com pitadas de bom humor e temperadas com boas histórias – relacionadas à psicologia aplicada e ao comportamento humano.

Nosso objetivo com este livro é treinar juntos e te ajudar a conseguir garantir as suas metas, garantir que você tenha acabativas, garantir que a prova será fácil. Então vamos juntos nessa jornada, eu, você e o nosso amigo, Dico.

Dominic nos conduz por uma jornada fascinante no mundo do ESG (*Environmental, Social, and Governance*) com seu livro prático e acessível. Além de explicar o que é ESG, também mostra como aplicá-lo de forma eficaz nas empresas. O conceito de ESG mostra um amadurecimento consciencial do ambiente corporativo, abordando temas vitais para a raça humana.

Acredito que entender o contexto em que vivemos e como contribuímos para o futuro da humanidade é urgente, e o caminho começa a ser desenhado em larga escala quando encontramos dentro das empresas métricas de ESG que figuram em relatórios de resultados.

É uma grande responsabilidade executiva garantir que este assunto evolua e dê frutos nos anos seguintes. Entendemos hoje que não há sucesso sem colaboração, que as empresas são a soma das decisões das pessoas e que os recursos do planeta são finitos. Olhar para essas questões com seriedade me parece o único caminho possível para garantir que tenhamos um planeta habitável por muito tempo.

Tive o prazer de trabalhar com o Dominic, que, sem dúvida, ***é um mestre em desenvolver métodos criativos para resolver problemas complexos.***

# CAPÍTULO 3

# CAPÍTULO 3

# ESG pelo Método Capivara: seja híbrido

Quando falamos em ESG, lidamos com fatores de, pelo menos, três áreas muito distintas, representadas por cada uma das letras que compõem a sigla, original em inglês. Para facilitar nosso entendimento e sua aplicação prática, podemos chamar cada uma delas de E, de Economia verde, como prefiro – ou Ambiental, em uma tradução direta –, o S, de Sustentabilidade, e o G, de Governança, compondo ESG. Mas como relacionar essas três áreas, tão diferentes e complexas, em uma única sigla que precisa ser bem compreendida e, mais do que isso, executada em ações ESG, às vezes por uma única pessoa ou por uma equipe?

Ao longo da minha jornada profissional, passei por diversas empresas e notei uma grande dificuldade de diálogo e alinhamento entre as áreas. É claro que o nível de especialidade técnica de cada funcionário é muito importante, mas, ao mesmo tempo, não pode ser um impeditivo para a elaboração e execução de projetos em conjunto com outras áreas e pessoas com ideias e ações muito distantes da sua realidade, como demandam os projetos de ESG. Isso quer dizer que eu posso ter um excelente profissional de E, outro de S e outro de G em minha empresa, mas não necessariamente terei excelentes projetos de implantação de ESG na empresa. E por quê? Porque **"Nunca é sobre você, é sempre sobre o outro"**. Uso aspas para indicar que este é mais um dos meus mantras pessoais, um raciocínio totalmente amparado na psicologia do comportamento humano que o Dico me ajudou a assimilar em simples e tão poderosas palavras que fizeram toda a diferença na minha vida.

Falando nele, vamos relembrar os conceitos-chave mapeados no seu corpo? Na cabeça, as setas em vermelho representam, de um lado, saber o assunto com ABRANGÊNCIA – neste caso, a visão geral de ESG –, de outro, saber com PROFUNDIDADE cada área da relacionada à sigla, ou seja, no E, no S e no G. Já a seta vertical aponta para o MOMENTO CERTO DE FALAR, com destaque para a curva do "sorriso" do Dico, que traz o movimento de saber dosar o momento da fala, de ter a sensibilidade de acordo com o tipo de interlocutor na conversação; traz na sua simbologia a compreensão mais profunda de nossos pensamentos, emoções e comportamentos para um gerenciamento mais saudável e adaptativo no momento da fala, ou seja, o gerenciamento do ego.

Por isso, é necessário desprendimento para entender o panorama ESG e foco para saber se aprofundar (em cada sigla), e estar preparado para falar no momento certo, através do TREINO ("TREINO DIFÍCIL, PROVA FÁCIL", lembra?). E o que nós vamos treinar exatamente? O gerenciamento do ego, muitas e muitas vezes, até ficar fácil. É aí que entra o **"Nunca é sobre você, é sempre sobre o outro"**. Afinal, de que adianta tanto conhecimento específico se isso pode ser uma barreira que mais afasta do que aproxima? Um dos meus objetivos fundamentais com este livro é mostrar como é mais do que necessário – é urgente – que o ESG esteja acessível também para não especialistas, exatamente por conta disso.

E esse gatilho da psicologia aplicada, diluído pela leveza do Dico, é que vai nos ensinar que, para abordar o ESG na prática, primeiro avalie com quem você está conversando e adapte o seu conteúdo ESG à área de atuação daquela pessoa. Ou seja, é alguém do ramo do E, do S ou do G? Nem sempre é preciso (nem estratégico) abordar tudo com aprofundamento o tempo todo.

Na verdade, tenho uma porção de casos na memória em que já presenciei grandes oportunidades de negócio serem perdidas, simplesmente porque não houve gerenciamento do ego, e a pessoa ficou falando, falando e falando tudo que podia e sabia sobre o assunto – normalmente, fazemos isso no desespero de passar credibilidade e domínio sobre o nosso trabalho, mas muitas vezes não conseguimos nos interromper a tempo de perceber que as pessoas que estão nos ouvindo não foram captadas por aquilo tudo, que não foi feito um ponto de contato entre os interesses deles (dos ouvintes) e dos seus. E assim grandes oportunidades de negócios nunca saíram do papel.

Ser abrangente é saber o que são os três fatores do ESG que compõem a sigla, e ser profundo é saber falar de cada uma das letras (do E, do S e do G), no momento certo. Mas, qual seria então o momento certo? Ele é totalmente psicológico, dentro da sua capacidade de gerenciar o seu ego, sendo preciso um momento de calar para ouvir ou falar e ser ouvido. É como o conceito do vendedor híbrido, ele tem que ser um *matchmaker*, ele precisa saber ser abrangente para conquistar o cliente e, na hora certa, chamar o especialista que domina aquele assunto. Por exemplo, esse cliente quer falar sobre inteligência artificial? Então eu tenho que entender com abrangência sobre o panorama da IA, e entender com profundidade o que especificamente de IA interessa a esse cliente.

Não para proferir uma extensa aula sobre o tema, mas simplesmente estar por dentro do assunto para, em meio à negociação, ter recursos para demonstrar que sabe, dando insumos no momento certo para o que ele quer ouvir, e tampouco entrar em competições de quem sabe mais ou ficar exibindo o tanto que se sabe sobre o tema com o cliente.

Então, essa é a metodologia por trás do **"Nunca é sobre você, é sempre sobre o outro"**, e também se conecta com o **"treino difícil, prova fácil"**. Afinal, se você não treinar, seu ego vai falar sempre antes. É pura psicologia, se você não treinar, não vai ser eficiente em falar na hora certa, e o treino também é a experiência empírica. Por exemplo, preciso conversar com alguém que domina o E e só fala de E, um grande especialista, o que eu preciso fazer? Falar do E no nível de profundidade que ele precisa e mergulhar nas outras duas letras (o S e o G) com abrangência, no momento certo. Não vai adiantar apostar tudo que sei do S e do G se ele é totalmente da área E, provavelmente especialista do E. Então passo temas do S e do G para ele e, gradualmente, iremos construir pontos de interesse em comum entre nós, antes de apresentar outros pontos menos conhecidos por ele. É preciso despertar nele o interesse para enxergar novos assuntos a partir de uma janela familiar ao seu repertório.

Saber falar de ESG com abrangência e profundidade, no momento certo (em cada uma das letras), é o que se pretende revelar neste livro, utilizando o Método Capivara, criado e denominado assim por uma inspiração de um trecho do podcast "Lugar de potência", do CEO Ricardo Basaglia.

O trecho, de forma resumida, conta sobre a "entrevista da capivara" que ele fazia, junto com o João Branco, CMO do McDonald's, com os candidatos a vagas na empresa. Eles iniciavam as entrevistas fazendo várias perguntas sobre a capivara, sim, isso mesmo, sobre o animal capivara.

— O que você entende de capivara? Você conhece?

E, apesar da surpresa, quase sempre respondiam:

— Ah, capivara eu conheço sim.

— Tá, conhece mesmo?

— Conheço.

— Agora me diz, então, quantos dentes ela tem? Que doença ela transmite? Qual cidade que ela habita?

E aí o candidato assentia:

— Putz! Realmente, eu não entendo de capivara.

— Então me fala sobre plano de mídia.

Então, o candidato já percebia que o nível necessário do que ele precisava saber de capivara era profundo; e que, igualmente sua fala em resposta ao plano de mídia, tema pertinente à vaga, deveria corresponder no mínimo ao mesmo nível de profundidade testada através da analogia inicial com a capivara.

Trazendo para o nosso tema, estar preparado é realmente dominar com profundidade aquilo que se propõe a fazer, e saber com abrangência é necessário para você construir elos com outras pessoas, de diferentes áreas, envolvidas em projetos de implantação de ESG.

E o Método Capivara nasceu, com a ajuda do Dico, para ensinar como ser híbrido e falar no momento certo.

Vamos aplicar o Método Capivara ao ESG? Primeiro, precisamos entender com abrangência o que é ESG e seus três pilares. Depois, nos aprofundar em cada um deles, buscando compreender as especificidades do E (Ambiental), do S (Social) e do G (Governança). E, por fim, saber identificar o momento certo de falar sobre cada um desses aspectos, de acordo com o interlocutor e o contexto.

Ao dominar o Método Capivara, você estará preparado para abordar o ESG de forma estratégica, construindo pontes entre as diferentes áreas e promovendo um diálogo produtivo. Gerenciar o ego e adaptar a comunicação são habilidades essenciais para o sucesso na implementação de projetos ESG.

Ao longo deste livro, vamos nos aprofundar em cada um dos pilares do ESG, explorando casos reais e exercícios práticos para fixar o aprendizado. O Dico estará conosco nessa jornada, trazendo sua leveza e insights valiosos.

Então, prepare-se para se tornar um verdadeiro especialista em ESG, capaz de transitar entre a abrangência e a profundidade, sempre falando no momento certo. Com o Método Capivara, você estará pronto para enfrentar os desafios da implementação de ESG em seu negócio e contribuir para um futuro mais sustentável.

Vamos nessa?

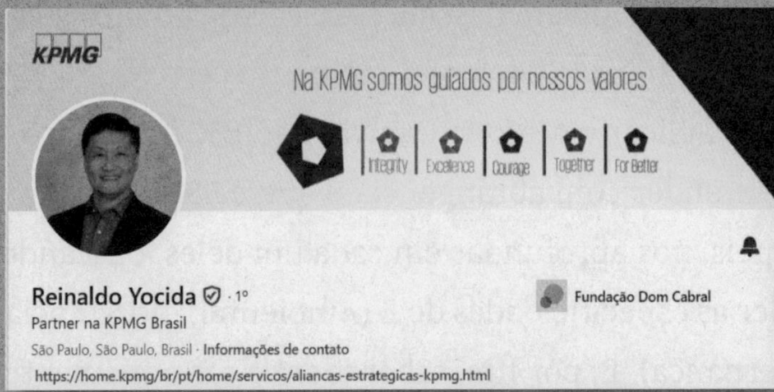


O Método Capivara é uma leitura que realmente transformou minha visão sobre a aplicação dos conceitos ESG (*Environmental, Social, and Governance*). Dominic de Souza, com sua abordagem inovadora e prática, conseguiu simplificar temas complexos e torná-los acessíveis a todos, independentemente do nível de experiência.

Acompanho o trabalho de Dominic há anos e posso afirmar que sua evolução como autor reflete sua trajetória multifacetada e bem-sucedida. Ele traz para o livro toda a sua experiência como executivo de vendas e atleta de triatlo, mesclando conhecimento técnico com ensinamentos de vida que vão muito além do mundo corporativo. Seu mantra, 'treino difícil, prova fácil', ressoa ao longo de toda a obra, mostrando como a preparação e o controle do ego são essenciais para o sucesso.

O 'Dico', personagem que personifica suas metodologias, oferece uma companhia agradável e cheia de insights práticos, facilitando a aplicação dos conceitos ESG no dia a dia de forma leve e bem-humorada.

***O* Método Capivara *não é apenas mais um livro sobre gestão; é um verdadeiro guia para quem busca uma compreensão profunda e integrada das questões ambientais, sociais e de governança.*** Recomendo o Método Capivara a todos os profissionais que desejam aprimorar suas habilidades de liderança e gestão.

Dominic de Souza se destaca como um autor que combina conhecimento técnico, experiência prática e uma narrativa cativante, tornando este livro uma leitura essencial e inspiradora.

# CAPÍTULO 4

# CAPÍTULO 4

# Alicerces do Método Capivara

Como professor, palestrante e executivo, confesso que acabei adquirindo um vício por metodologias. Talvez excesso de didática – sabe quando você sai da sala de aula, mas ela não sai de você? –, talvez pela necessidade de um plano estratégico nos momentos de virada em minha vida, talvez por tudo isso e pela vontade de fazer com que minhas ideias ecoem e iluminem novas perspectivas para muitas outras pessoas. O Dico é a materialização desse processo, a forma que meu pensamento metódico tomou e eu gostei, quase um amigo imaginário – só que no mundo dos adultos. Aquela vozinha que nos ajuda a olhar para dentro para conseguir enxergar melhor o que existe lá fora, sabe?

Então, desde os anos 2000, ou por volta disso, eu já vinha desenvolvendo esta metodologia que, agora, virou o Método Capivara. Só que de lá para cá, algumas décadas se passaram e o mundo se transformou com uma velocidade arrebatadora. E fragmentos deste método foram sendo aplicados em áreas diferentes da minha vida, resultando, inclusive, nos livros que já escrevi até hoje. Ao escrever sobre ESG, percebi que, na verdade, o Método Capivara traz os alicerces nos quais eu sempre me baseei durante minha vida, pessoal e profissional, para focar não apenas no resultado, mas sim no que dá resultado. E quais são esses alicerces? Primeiro, a experiência empírica; segundo, uma ciência; e terceiro, o gerenciamento de projetos.

Empírica, primeiro, porque, afinal, são 30 anos como executivo de várias empresas e, por isso, as páginas deste livro estão recheadas de *cases* pessoais dessa minha trajetória profissional. Agora, vem a parte da ciência, porque precisamos de uma ciência para sustentar tudo isso, que é a psicologia, a ciência que estuda o comportamento do ser humano e de que tiro todas as minhas referências para criação de novas técnicas. Por fim, o GP, que é gerenciamento de projeto, que é para ter uma acabativa, o calcanhar de Aquiles da nossa sociedade, em começar muitas coisas bacanas e não acabar.

Então, eu gosto de mostrar isso com o Ironman, com os livros, com as metodologias, com tudo que eu tento fazer. Preciso fechar com as acabativas para ter, de fato, os resultados. Esses são os três alicerces nos quais eu me apoio, o Dico se apoia e o Método Capivara também vai se apoiar.

1. **PARTE EMPÍRICA:** tudo que já aprendi na prática e sei sobre ESG no mundo corporativo, com muitos *cases* dessa minha experiência profissional.
2. **PARTE CIENTÍFICA:** referências técnicas de especialistas e fontes reconhecidas em cada área do ESG (no E, no S e no G), além da base teórica da psicologia aplicada e comportamental, principalmente a psicanálise e o behaviorismo.
3. **ACABATIVA:** formas práticas para aplicar e monetizar o ESG em seus projetos.

A capacidade de falar com abrangência parte, em um primeiro momento, da parte empírica da minha jornada na área comercial, desde minhas primeiras experiências em minérios, até a última, no Gartner. E toda essa bagagem me trouxe, principalmente, a experiência com um interlocutor que está lendo, ou o interlocutor com o qual eu estou multiplicando alguma coisa, ou com o próprio cliente. Então esse é o primeiro ponto, de onde devemos partir.

O segundo é a profundidade, já que estamos falando de cada uma das letrinhas ESG e a capacidade de você mergulhar a fundo nelas. Lembra da acabativa? É você concatenar a proposta, fechar o negócio, e, para isso, você tem que fazer com profundidade, estar preparado, com um repertório de informações relevantes e atualizadas sobre ESG para, então, ser híbrido e falar no momento certo.

Agora, no momento certo, é onde a gente vai se apoiar totalmente na psicologia aplicada, no gerenciamento do ego, no **"Nunca é sobre você, e sim sobre o outro"**, utilizando o mapa do Dico com seus conceitos-chave para acessarmos a partir de agora e desbravar o Método Capivara. Pode parecer complexo e você pode até estar duvidando se vai funcionar ou se dará conta. Fique tranquilo e confie no Dico. Vamos, juntos, aprender ESG com abrangência e profundidade para falar no momento certo!

Nos próximos capítulos, vamos nos aprofundar em cada um dos pilares do ESG – Ambiental, Social e Governança – explorando casos reais, referências técnicas e exercícios práticos. O Método Capivara será nosso guia nessa jornada, nos ajudando a desenvolver a habilidade de ser híbridos e falar no momento certo.

Lembre-se sempre dos três alicerces: a experiência empírica, a ciência da psicologia e o gerenciamento de projetos. Com eles, você estará preparado para enfrentar os desafios da implementação de ESG em sua empresa e contribuir para um futuro mais sustentável.

Então, vamos em frente! O Dico está ansioso para compartilhar todo o seu conhecimento e experiência com você. Prepare-se para uma jornada transformadora rumo ao domínio do ESG e à aplicação prática do Método Capivara.

No mundo atual, onde a sustentabilidade e a governança corporativa se tornam cada vez mais importantes, o livro *Método Capivara*, de Dominic de Souza, surge como uma ferramenta valiosa para líderes e profissionais que desejam implementar projetos ESG de forma eficaz e estratégica.

O autor nos oferece uma leitura envolvente e enriquecedora, e sua obra contém uma abordagem inovadora e prática que vai além da teoria, fornecendo ferramentas e técnicas concretas para o ***sucesso na implementação de ESG*** em diversos setores. Leitura indispensável!

# CAPÍTULO 5

# CAPÍTULO 5

# Environmental: Ambiental, a nova Economia Verde

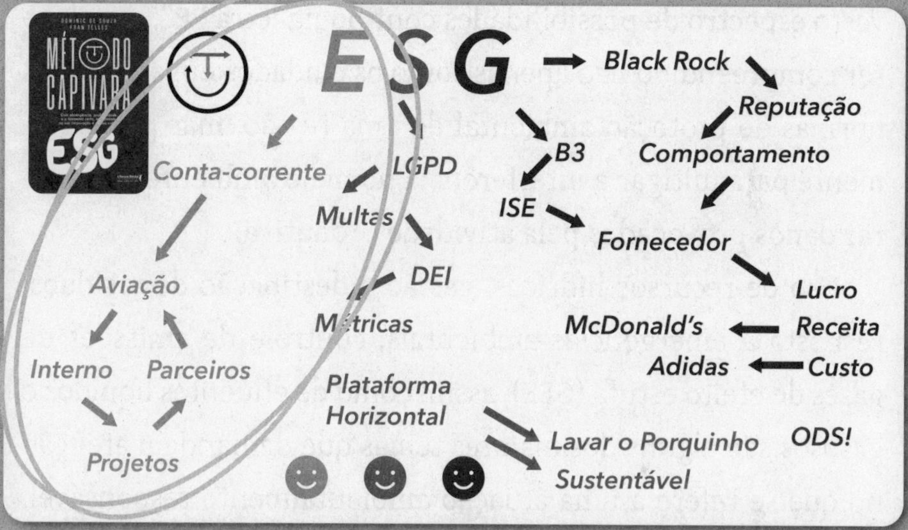


Chegou o momento mais esperado: mergulhar em cada uma das áreas ESG. A primeira área é o *Environmental*, que, em uma tradução direta do inglês, ficou conhecida, em português, como Ambiental. Mas eu quero propor uma analogia para que você entenda realmente e com profundidade o **E: CONTA-CORRENTE.**

Vamos nos apoiar na lógica financeira de estar positivo ou negativo no saldo da sua conta-corrente para compreender todas as potencialidades que residem dentro do conceito de Ambiental, que, por conta dessa analogia que proponho agora, prefiro chamar de Economia Verde – mantendo a inicial E, como na sigla em inglês.

Penso que Economia Verde consegue representar todo o vasto espectro de possibilidades contido na letra "E", que deve ser compreendido não apenas como os cuidados em atender às normas de proteção ambiental de uma região, mas principalmente para mitigar a interferência no meio ambiente ou reparar danos provocados pela atividade produtiva.

Uso de recursos hídricos, gestão e destinação de resíduos, resposta a emergências ambientais, controle de emissões de gases de efeito estufa (GEE), assim como de efluentes líquidos e gasosos são alguns dos maiores temas que demandam atenção no que se refere a uma atuação ambientalmente responsável. Abordar essas questões exige comprometimento da alta gestão e envolvimento de toda a cadeia produtiva.

E o que isso tem a ver com a lógica de uma conta-corrente? Se você gastar dentro do seu saldo bancário, você fica com a conta positiva, se gastar ultrapassando seu saldo bancário, então você fica com sua conta negativa. Desta mesma forma, funciona a responsabilidade ambiental operando como uma conta-corrente e há a necessidade de mantê-la sempre positiva. Trazendo para o pilar E do ESG, se você emite muito carbono ($CO_2$), você vai ter que comprar créditos de carbono para equilibrar – ou, idealmente, neutralizar – suas emissões, esse é o raciocínio.

Vou começar mostrando um primeiro exemplo, que vem da minha época, quando eu trabalhava com minérios e trens, por volta de 2010/2011. Nós já estávamos falando de ESG desde então num projeto executado para ajudar os motoboys. Funcionava assim: os motoboys recolhiam escapamentos velhos, traziam para a empresa, onde abríamos os escapamentos, retirávamos o níquel da parte interna e o níquel retornava para a indústria. Isso era um projeto ESG – mesmo quando não se sabia o que era ESG ainda – especificamente na área do E, de ambiental, em que uma "reciclagem" do material é feita, diminuindo os resíduos da indústria no meio ambiente e, claro, gerando lucro, à medida em que um novo produto era ofertado ao mercado.

Outro exemplo. Hoje, como brasileiro, se você tem um carro a gasolina, você emite de 10 a 25 kg de monóxido de carbono a cada 100 km rodados. Percorrendo 20 km por dia, ao longo de um ano, você será responsável por 1.260 kg de carbono na atmosfera, e isso considerando só o seu carro.[1] Agora imagina um evento como o da Fórmula 1, que ocorre em vá-

1. MOBILIZE BRASIL. Saiba: seu carro emite um carro de carbono por ano!. Mobilize Brasil, [S. l.], 29 set. 2022. Disponível em: https://www.mobilize.org.br/noticias/13358/saiba-seu-carro-emite-um-carro-de-carbono-por-ano.html. Acesso em: 21 out. 2024.

rias regiões do mundo, gerando "dívida" ambiental por onde passa, por exemplo.

Considerando esse impacto que a frota automobilística gera na atmosfera, a F1 reforçou seu compromisso com ESG ao garantir a compensação de 100% do carbono das corridas de 2021 e 2022 e conseguindo, assim, antecipar uma métrica que estava prevista para 2030, no Brasil.

O inventário do último GP do Brasil, realizado de 11 a 13 de novembro na capital paulista, ainda não foi finalizado, mas a estimativa é repetir a mesma performance do ano passado, com 4.260 toneladas compensadas, mesmo com 30% a mais de público. Cerca de 236 mil pessoas estiveram no Autódromo de Interlagos, em São Paulo, nos três dias do evento. E a boa performance na compensação de carbono deve-se, principalmente, à redução de 25% do volume de combustível usado, substituição da matriz de combustível (4.700 litros de gasolina por 3.600 litros de etanol) e aumento da frota de veículos elétricos.

Além de duas parcerias importantes, uma com a Solví Essencis para obtenção de créditos de carbono originados em várias partes do país, inclusive São Paulo, e outra com a Greener, para aquisição de unidades de estocagem de carbono através da preservação da Floresta Amazônica, essas foram as principais ações tomadas para equilibrar as emissões de carbono da F1.

Quando falamos em emissões de carbono na atmosfera, inevitavelmente estamos falando do Efeito Estufa e suas consequências devastadoras para a vida em nosso Planeta, elevando a temperatura terrestre. De acordo com modelos do Painel Intergovernamental sobre Mudanças Climáticas (IPCC), em 2100 o planeta poderá ter um aumento na sua temperatura média de até 4.2°C em relação ao período pré-industrial.

Foi diante desse cenário que, no ano de 1997, foi criado o mercado de carbono durante as negociações do Protocolo de Kyoto. O mercado de carbono, de forma geral, nada mais é do que um sistema de compensações de emissão de carbono ou equivalente de gases de efeito estufa ($CO_2e$). Esse sistema se dá por meio da aquisição de créditos de carbono por empresas ou países que não atingiram suas metas de redução de gases de efeito estufa, daqueles que reduziram as suas emissões. Dentro desse mercado, temos o mercado regulado, vinculado à Organização das Nações Unidas (ONU) e conhecido como *cap-and-trade*, em que figuram os países desenvolvidos que possuem metas dc redução de GEE, e o mercado voluntário, também chamado de "Non-Kyoto Market", no qual o Brasil está inserido.

Então o crédito de carbono nada mais é do que a moeda do mercado de carbono e funciona assim: os países que conseguem reduzir suas emissões de GEE podem emitir créditos de carbono. Ou seja, os créditos de carbono representam a não emissão de dióxido de carbono ou equivalente à atmosfera, sendo que cada crédito de carbono equivale a uma tonelada de gases GEE.

Dessa forma, os créditos emitidos podem ser negociados com países que não atingiram as suas metas.

Assim, quanto maior o empenho de um país em reduzir a emissão de poluentes, maior o volume de créditos ele poderá gerar e comercializar com outros países que não tenham atingido suas metas de redução. Este último atende a demanda por créditos de empresas ou pessoas físicas interessadas em reduzir as emissões de GEE em suas atividades econômicas de forma voluntária.

Resumindo, enquanto o mercado de carbono regulado surgiu em decorrência do Protocolo de Kyoto e das urgências em relação às mudanças climáticas, o mercado voluntário surgiu de forma paralela ao protocolo.

> Segundo informações passadas pelo governo brasileiro na COP26, realizada em 2021, o Brasil tem potencial para ser protagonista nesse mercado, com aproximadamente 20 a 25% das exportações ou transações.[2]

Isso quer dizer que

> O Brasil tem potencial de gerar até R$100 bilhões em receitas com créditos de carbono nos setores do agronegócio, floresta e energia até 2030. O valor seria correspondente a 1 bilhão de toneladas de $CO_2$ equivalente, de acordo com um estudo feito pela consultoria especializada em sustentabilidade WayCarbon sob encomenda da

> International Chamber of Commerce Brasil (ICC Brasil), que trata de oportunidades para o país nesse mercado.[2]

Recentemente, um marco de grande importância – e muito esperado – para o mercado brasileiro foi a aprovação do projeto de lei que regulamenta o Mercado Brasileiro de Redução de Emissões (MBRE) de gases que provocam o efeito estufa. A Comissão de Assuntos Econômicos (CAE) aprovou o projeto e agora o PL 412/2022 segue para a Comissão de Meio Ambiente (CMA).

> Previsto na Lei 12.187, de 2009 (Política Nacional sobre Mudança do Clima), o MBRE será operacionalizado em bolsas de mercadorias e futuros, bolsas de valores e entidades de balcão organizado, autorizadas pela Comissão de Valores Mobiliários (CVM), onde se dará a negociação de títulos mobiliários representativos de emissões de gases de efeito estufa evitadas certificadas. [...] O objetivo é um marco legal simplificado, mas que dá segurança jurídica a todos os integrantes do mercado.[3]

2. ZABOTTO, A. Créditos de carbono: Brasil pode ter receita de até R$100 bilhões. *Revista Campo & Negócios*, Uberlândia, 17 nov. 2022. Disponível em: https://bit.ly/4fi58JX. Acesso em: 21 out. 2024

3. AGÊNCIA SENADO. CAE aprova regulamentação do mercado de redução de emissões de carbono. *Senado Federal*, Brasília, DF, 29 nov. 2022. Senado Notícias. Disponível em: https://www12.senado.leg.br/noticias/materias/2022/11/29/cae-aprova-regulamentacao-do-mercado-de-reducao-de-emissoes-de-carbono. Acesso em: 21 out. 2024.

Isso quer dizer que, agora regulamentado, você, como pessoa física ou jurídica, também pode compensar suas emissões de carbono. E por que não investir neste mercado? Já existem algumas empresas operando neste segmento, como a Moss, que permite que qualquer pessoa possa comprar créditos de carbono, como se fosse comprar ações, ou comprar bitcoins, para manter o saldo desta conta-corrente ambiental positivo.

Infelizmente, as emissões brasileiras de gases de efeito estufa em 2020 cresceram 9,5%, enquanto no mundo inteiro elas despencaram em quase 7% devido à pandemia de Covid-19. A alta no desmatamento em 2024, em especial na Amazônia, pôs o Brasil na contramão do planeta e o deixou em desvantagem no Acordo de Paris. É o maior montante de emissões desde 2006. Com o aumento da emissão e a queda de 4,1% no PIB, o Brasil ficou mais pobre e poluiu mais.

> O dado vem da nova estimativa do SEEG (Sistema de Estimativas de Emissões de Gases de Efeito Estufa), do Observatório do Clima, que todo ano calcula quanto o Brasil gerou de poluição climática. Em sua nona edição, o SEEG calculou em 2,16 bilhões de toneladas de gás carbônico ($GtCO_2e$) equivalente às emissões nacionais brutas no ano passado, contra 1,97 bilhão em 2019. É o maior nível de emissão do país desde 2006.[4]

4. IEMA. Na contramão do mundo, Brasil aumentou emissões em plena pandemia. Instituto de Energia e Meio Ambiente, São Paulo, out. 2021. Disponível em: https://energiaeambiente.org.br/na-contramao-do-mundo-brasil-aumentou-emissoes-em-plena-pandemia-20211028. Acesso em: 21 out. 2024.

Se, por um lado, os dados sobre as emissões de carbono do Brasil não são nada animadores do ponto de vista ambiental, do ponto de vista da nova Economia Verde – sempre tentando enxergar o lado positivo das coisas, lembra? – nasce também um enorme mercado, agora regulamentado, e com grande potencial de ascensão, o mercado de carbono no Brasil.

Enquanto nasce uma vasta possibilidade de Economia Verde para o mercado brasileiro, em vários outros países o assunto já está bem mais avançado. A Microsoft, uma das maiores empresas norte-americanas em valor de mercado, por exemplo, não só tem apresentado um desempenho positivo em termos financeiros, mas também em relação à implementação de políticas ESG. A companhia assumiu a meta de se tornar neutra em carbono até 2030 e de compensar suas emissões históricas até 2050. Além disso, desenha seus dispositivos com base em design *eco-friendly*, uso de materiais reciclados, recicláveis e renováveis e eficiência energética.

Entendido o contexto do E no Brasil com profundidade, e iniciada a lógica da conta-corrente para entender essa nova Economia Verde, agora vou te dar um exemplo de uma ação completa de E em uma grande e conhecida empresa brasileira, a Embraer. Com a palavra, Francisco Gomes Neto, Presidente e CEO da empresa:

> Na Embraer, reconhecemos a urgência da crise climática e estamos totalmente comprometidos com um futuro mais sustentável. Estamos

> intensificando nossos esforços para minimizar nossa pegada de carbono ao permanecermos dedicados a soluções inovadoras que tenham um impacto mais amplo para nossos clientes, comunidades locais e nossas aeronaves.[5]

Como todos sabem, a Embraer faz aviões, e aviões são grandes poluidores, certo? E o que a empresa fez para diminuir seu impacto no meio ambiente? Fez muitas coisas, e eu gosto deste exemplo da Embraer justamente por mostrar todas as alternativas que a empresa encontrou para ficar com o saldo da sua conta-corrente ambiental positiva.

Primeiro passo, otimizou seu processo circular interno, em busca de melhores soluções. Por exemplo, buscou materiais para tornar o avião mais seco, utilizando menos produtos – que emitem menos carbono –, essa foi a primeira tarefa de casa. E não parou por aí, afinal, não basta fazer uma única coisa, mas é sempre necessário fazer mais. Como é um grande poluidor, emite muito monóxido de carbono, há todo um planejamento para atingir as metas ambientais, então são necessárias várias ações em conjunto.

E qual foi a segunda coisa que a Embraer fez? Juntou-se com a WEG e fizeram um avião com motor elétrico! Deixou com certeza a conta dela menos negativa, porque avião emite $CO_2$ para ca-

5. EMBRAER. Embraer assume compromisso de operações neutras em carbono até 2040. Embraer, São Paulo, 13 de agosto de 2021. Disponível em: https://embraer.com/br/pt/noticias?slug=1206908-embraer-assume-compromisso-de-operacoes-neutras-em-carbono-ate-2040. Acesso em: 14 fev. 2025.

ramba, principalmente por conta do motor. Então foi uma grande parceria. Mas, depois de resolver uma parte internamente, fez a parceria com a WEG e construiu um avião, mas ainda assim a conta da Embraer está negativa. O que fazer, então? Comprar as ações da Moss e comprar créditos de carbono, claro! Também é uma ótima forma para ficar com o saldo positivo, e bastante prática, porque para comprar só basta ter dinheiro, mas o que a Embraer pode fazer a mais, além de tudo isso?

Investir em projetos ESG, seja por meio da compra de ações dessas empresas parceiras, seja investindo efetivamente nesses projetos, como, por exemplo, no Projeto Onça, da ISA CTEEP, controlada pela ISA, uma grande empresa de sistemas de infraestrutura lineares, que tem entre seus investidores a Eletrobras, maior grupo brasileiro de energia elétrica e mais 60 mil acionistas como pessoas físicas e jurídicas de diferentes países.[6] A ISA CTEEP possui ações listadas na BM&FBovespa e integra, desde 2002, o Nível 1 de Governança Corporativa. Investir em projetos ESG gera aumento de reputação para a empresa e, consequentemente, aumento de receita, seja por meio da venda de ações, seja monetizando ESG.

E cada vez mais empresas se atentam ao ESG, não apenas grandes corporações, mas também pequenos e médios negócios, afinal, um relatório da Opinion Box mostrou que 67%

6. ISA CTEEP. ISA CTEEP apoia reconstrução de abrigo para onças-pintadas. ISA CTEEP, c2024. Disponível em: https://www.isacteep.com.br/pt/noticias/isa-cteep-apoia-reconstrucao-de-abrigo-para-oncas-pintadas. Acesso em: 21 out. 2024.

dos consumidores possuem o hábito de pesquisar as práticas de ESG das empresas antes de fazer compras. E dentre as três letras da sigla, o "ambiental" é a mais buscada pelos clientes.

É claro que a Embraer poderia ter "quitado" o seu saldo negativo dessa conta-corrente comprando o correspondente em créditos de carbono e pronto, provavelmente o saldo ficaria positivo, mas a reputação não tanto quanto poderia. Todas essas estratégias ESG usadas para compensar a emissão de $CO_2$ de seus aviões demonstram a preocupação da empresa em ser sustentável de verdade, e não apenas superficialmente, "lavando o porquinho", e isso expande a reputação da empresa. E aumento da reputação quer dizer aumento de receita. É assim que o ESG deixou de ser apenas uma agenda sustentável das empresas e virou uma grande oportunidade de negócio, que alinha os valores de cada organização com a perspectiva de aumento de receita em novas fatias de mercado.

Para fixar o plano estratégico de ESG utilizado pela Embraer e te ajudar a visualizar qual ação poderia ser tomada no seu negócio para também ficar com o saldo da conta-corrente ambiental positivo, eis o passo a passo das ações:

### Embraer: como ficar com a conta-corrente ambiental positiva?

- Área aviação, grande emissão de $CO_2$.
- Em busca de alternativas para ficar positiva na conta-corrente ambiental.

- Saldo positivo significa aumento de receita: aumento da reputação, das ações e monetização ESG.

**Ação 1: processo circular interno**

Arrumar a casa internamente é sempre o primeiro passo. E outro exemplo muito bacana dessa "arrumação interna" que posso citar é o da empresa Zurich Seguros – uma grande parceira –, que mudou as impressoras de andar e teve como resultado menor consumo de papel, menos emissão de $CO_2$, uma ação simples e eficaz que fez toda a equipe repensar a real necessidade de imprimir cada folha antes de executar no gatilho automático.

**Ação 2: validação dos processos circulares para evitar o *greenwashing*, somente "lavar o porquinho".**

Uma parte importante da imagem da empresa vem da sua credibilidade, e o esforço para evitar ser uma fraude, ou ser sustentável apenas superficialmente, enganando o consumidor, é um ponto a mais para a reputação da empresa, logo, para o aumento da sua receita.

**Ação 3: em parceria com a WEG, criaram um avião com motor elétrico.**

Fazer parcerias é trazer olhares externos, de especialistas que podem enxergar soluções que, internamente, muitas vezes, não veríamos ou daríamos conta. Saber identificar quando e com quem fazer uma parceria pode ser muito estratégico para implantação de ESG na sua empresa.

**Ação 4: compra de créditos de carbono (pela Moss, por exemplo).**

Uma alternativa disponível para pessoas físicas e jurídicas comprarem quantos créditos de carbono quiserem e puderem, fácil como comprar bitcoins ou ações na bolsa. Eu diria até que estamos diante de uma nova onda de acessibilidade de investimentos, como se deu com a própria bolsa de valores (B3) há algum tempo, quando realmente abriu para todos os tipos de acionistas.

**Ação 5: investir nos projetos de Economia Verde**

O Projeto Onça, da ISA CTEEP, e o Projeto Capivara (sim, o meu), por exemplo, são uma forma de relacionar a reputação da sua empresa aos valores dessas instituições, trazendo mais credibilidade às marcas apoiadoras.

Agora que você já entendeu como funciona a lógica da conta-corrente ambiental e viu um exemplo prático de como uma grande empresa brasileira está fazendo para ficar com o saldo positivo, chegou a hora de você pensar no seu negócio, ou na empresa em que trabalha. Quais ações poderiam ser tomadas para que o saldo da conta-corrente ambiental fique positivo? Lembre-se, não basta fazer apenas uma ação, é necessário um conjunto de estratégias para realmente fazer a diferença e, claro, aumentar a reputação da empresa e, consequentemente, a receita.

No próximo capítulo, vamos mergulhar no S, de Social, e entender como a diversidade, igualdade e inclusão podem ser grandes aliadas na implementação de ESG na sua empresa. Até lá!

O Dominic aborda de forma dinâmica o tema sobre o ESG e sua aplicação prática nas corporações. O método Capivara mostra de forma inovadora como devemos ter abrangência e profundidade sobre o tema, oferecendo insights sobre como as empresas podem transformar esses conceitos em práticas diárias para alcançar sustentabilidade e responsabilidade social.

Este capítulo foca **no pilar "Social" do ESG, discutindo como as empresas podem promover diversidade, igualdade e inclusão (DEI)** em suas operações. Dominic, enfatiza que a responsabilidade social vai além do cumprimento das leis e regulamentos; trata-se de um compromisso proativo de criar um ambiente de trabalho inclusivo e justo. Com forte argumento de que investir em políticas de DEI não só melhora a reputação da empresa, mas também contribui para a retenção de talentos, inovação e melhor desempenho financeiro.

O livro é cheio de exemplos reais e dicas práticas, o que é ótimo para quem está começando e para quem já tem alguma experiência no assunto. No final, o que fica claro é que adotar práticas de ESG não é só uma questão de fazer o bem, mas também de fazer o certo para o crescimento sustentável e a reputação da empresa. Vale a leitura para quem quer fazer parte dessa mudança.

# CAPÍTULO 6

# CAPÍTULO 6
# Social: diversidade, igualdade e inclusão

À medida que nos aprofundamos em cada uma das letras da sigla ESG, percebemos que a maioria dos conceitos não são novos, existindo há pelo menos algumas décadas. Exemplos disso são os créditos de carbono e a Lei Geral de Proteção de Dados (LGPD). No entanto, as novas circunstâncias têm dado uma nova roupagem a esses conceitos, que agora são vistos fortemente sob a ótica do ESG.

O conceito de Social, representado pela letra S da sigla ESG, diz respeito ao impacto das decisões e atividades de uma organização sobre a sociedade e o meio ambiente. O principal foco das ações sociais são as pessoas e seus grupos de representação: colaboradores, fornecedores, comunidades próximas à empresa, governos e até mesmo o público internacional. Desenvolver políticas e iniciativas sociais relevantes é um desafio que depende de uma atenção focada nas demandas dos públicos para conciliar a atuação da empresa com práticas que respeitem os direitos humanos e a dignidade das pessoas, começando dentro da própria equipe e se estendendo a toda cadeia produtiva e consumidora.

Conseguir o selo de Responsabilidade Social significa melhorar a reputação da empresa, mostrando que o impacto positivo das ações sociais atinge não só os funcionários e o público interno, mas também as comunidades afetadas por suas atividades e os consumidores de seus produtos e/ou serviços. Clientes e potenciais clientes tendem a se identificar com empresas socialmente responsáveis, com boas reputações e credibilidade da marca.

O primeiro passo para garantir a Responsabilidade Social é observar todas as normas e leis de segurança sociais e trabalhistas vigentes no segmento de atuação da empresa. Assim, evitam-se multas e, consequentemente, reduz-se custos, ponto crucial para quem quer começar a ter mais lucro. Essa será a nossa lógica para compreender melhor a letra S da sigla ESG: aumento de lucro significa redução de custos e/ou aumento de receita.

A LGPD foi uma das grandes alavancadoras de receita dentro das tendências mais atuais de ESG. Com a conscientização das pessoas sobre o valor de seus dados pessoais, profissionais e de perfil de consumo, a LGPD veio para certificar ao cliente que seus dados estão sendo usados de forma consentida e para fins específicos, evitando custos com multas por parte das empresas.

Um exemplo interessante é a história de um casal londrino no metrô de Nova Iorque. Após o rapaz deixar cair a aliança durante o pedido de casamento, o sistema de monitoramento gravou a cena e, por reconhecimento facial, a polícia localizou o casal para devolver as alianças. Apesar de uma possível violação de privacidade, o "final feliz" prevaleceu. Essa história ilustra como a LGPD pode evitar custos com multas pela violação de dados, aumentando o lucro.

Além disso, métricas concretas têm surgido para mapear as possibilidades do cenário Social, como o DEI (*Diversity, Equity and Inclusion*). Essa métrica indica que investir em diversidade social gera mais performance para as empresas. Certificados como o Great Place to Work® (GPTW) também expandem a reputação da empresa no mercado e aumentam a confiança dos funcionários na gestão. Estudos mostram que organizações com diversidade têm um aumento de produtividade de 30% em relação àquelas que ainda não se atualizaram no pilar Social.

A Microsoft é um exemplo de empresa que se destaca no pilar Social. Em relação à inclusão digital, atua globalmente em parceria com organizações sem fins lucrativos, governos, educadores e empresas para garantir que jovens de populações desassistidas tenham acesso a treinamento em habilidades digitais e educação em ciências da computação. Quanto à privacidade de dados, criou uma diretoria específica e um grupo interno para analisar questões éticas em torno da inteligência artificial.

As práticas ESG da Microsoft endereçam riscos que poderiam impactar os resultados da companhia e geram valor ao engajar seu mercado consumidor atual e futuro, posicionando-a na vanguarda ao abordar temas de interesse global. Graças a essas práticas, a empresa conquistou um lugar na lista "50 Melhores Empresas ESG", do Investor's Business Daily em 2019.

O pilar Social, antes visto apenas como redução de custos, agora começa a ser compreendido como uma possibilidade de aumento de receita, com a compra de ações baseada na reputação da empresa, que performa melhor e até aumenta seu mercado consumidor, principalmente com as gerações Y e Z. Essas gerações já nasceram com o ESG embutido em sua mentalidade e são grandes potenciais consumidores de produtos e empresas com diversidade, responsabilidade social, preocupação ambiental e uma nova consciência de mercado.

Segundo o Instituto de Pesquisa Econômica Aplicada (Ipea), praticamente 70 milhões de brasileiros pertencem às gerações Y e Z, sendo que 46% deste grupo é economicamente ativo no Brasil. No futuro, essa faixa da população deve representar 70% das pessoas economicamente ativas, exigindo atenção do mercado, principalmente no que se refere ao ESG.

Influenciados pela tecnologia e redes sociais, as gerações Y e Z estão preocupadas em se relacionar e consumir de empresas alinhadas a seus valores pessoais. Uma pesquisa da Accenture Strategy[1] indicou que 83% dos consumidores brasileiros preferem comprar de empresas que defendem propósitos alinhados a seus valores de vida, e 76% disseram que suas decisões de compra são influenciadas pelos valores propagados pelas marcas e pelas ações de seus líderes.

Esses jovens sabem muito bem do que gostam e do que não gostam, e preferem comprar de empresas com um ESG real. Eles se preocupam em pesquisar a fundo quais empresas testam produtos em animais e quais não testam, por exemplo, não caindo no marketing de um ESG superficial. Não investir no

1. DEARO, Guilherme. 83% dos brasileiros compram de marcas alinhadas com seus valores pessoais. Exame, São Paulo, 21 de março de 2019. Marketing. Disponível em: https://exame.com/marketing/brasileiros-marcas-valores-pessoais/. Acesso em: 27 fev. 2025.

pilar Social equivale a perder essa faixa do mercado e, consequentemente, perder receita.

Existem três motivos principais para investir no pilar Social: evitar multas, aumentar a performance das pessoas quando estão mais felizes e em um ambiente diverso e inclusivo, e aumentar as vendas, pois as novas gerações tendem a consumir mais produtos ESG, melhorando a reputação da empresa e valorizando suas ações.

O pilar Social nasceu como custo evitado, depois se tornou um potencial de receita para comprar as ações corretas das empresas que merecem, um potencial de receita de consumidores que consomem ou indicam os produtos, e, por fim, um aspecto de Total Experience, que é a jornada completa da empresa, desde a experiência do usuário, do parceiro, do funcionário, do cliente e dos multicanais. Todos esses personagens precisam ser ouvidos e entendidos com atenção para alavancar efetivamente o S da empresa, de dentro para fora.

Gostei muito da leitura, leve e fluída, instigante para a continuidade, com uma didática exemplar. O conteúdo de extrema relevância para o momento é uma chamada de reflexão para todos nós como indivíduos, empresários e sociedade. Dominic sempre surpreendendo com sua boa energia, visão de negócios e acabativas!

# CAPÍTULO 7

# CAPÍTULO 7

# Governança: mitigando riscos

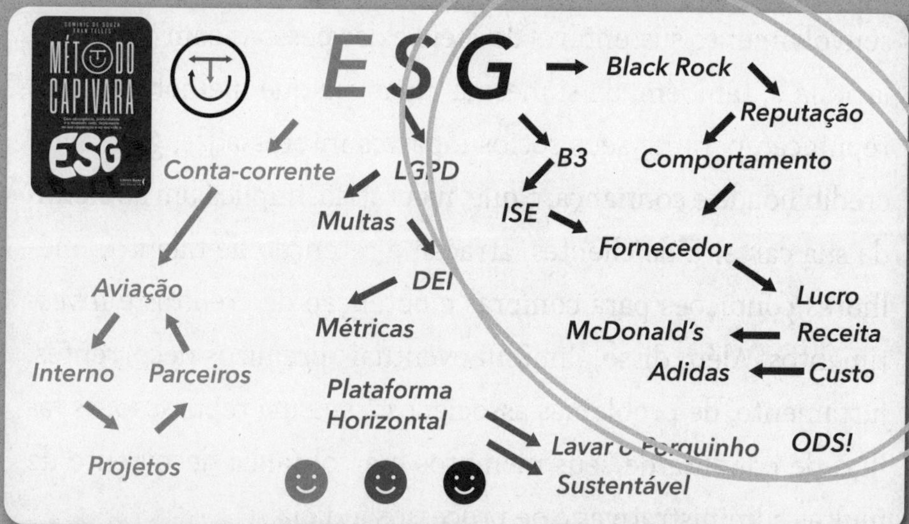


Chegamos à última letra do acrônimo ESG – G, de Governança Corporativa. De forma simples, a Governança Corporativa pode ser definida como um conjunto de ações que fortalecem a cultura da empresa e o controle dos processos internos, mantendo sua responsabilidade, ética e compliance, evitando práticas desleais, posturas inadequadas, fraudes e até corrupção.

Uma organização que pensa na sua governança corporativa tem obrigação de ser responsável em relação às suas atividades, para além do cumprimento da legislação. Deve procurar orientar suas decisões a partir dos seus próprios interesses, mas identificar, também, os impactos socioambientais que produz e trabalhar para minimizá-los.

Ao atuar de forma responsável, a organização garante o desenvolvimento sustentável do meio e das pessoas com que se relaciona e, também, de si mesma, uma vez que melhorará a sua reputação perante seus sócios e partes interessadas, ganhando credibilidade e confiança, o que, na prática, implica um aumento da sua carteira de clientes, atração e retenção de talentos, melhores condições para compras e obtenção de créditos e investimentos. Além disso, diminui eventuais prejuízos decorrentes, justamente, de problemas associados à sua má reputação, às falhas de conduta de seus membros e à cobrança decorrente de multas administrativas e de processos judiciais.

Até aí, nenhuma grande novidade, concordam? Não foi necessariamente a revolução que os conceitos ESG estão causando no mundo, sobretudo no mundo corporativo, que criou essa cartilha da boa governança. Esse repertório de gestão corporativa já se apresentou com muitas facetas e discursos diferentes ao longo das décadas. Mas uma coisa não mudou até hoje: a prioridade de todo gestor é, sem sombras de dúvidas, o aumento de lucro. E a chave de virada de tudo que conhecíamos como Governança até hoje se resume em duas palavras fundamentais neste novo contexto atual: reputação e lucro.

Em 2019, foi dado o *boom* na era da Governança Corporativa, e quem deu uma bela sacudida no mercado foi a gigante Black Rock – empresa de investimentos multinacional estadunidense, a maior em gestão de ativos no mundo, com uma carteira de mais de 30 trilhões de dólares. A partir da declaração do CEO Larry Fink de que as empresas que têm uma boa reputação estão performando de 65 a 75% a mais, ou seja, quem tem uma boa reputação está ganhando muito mais, porque as ações valem mais e ainda evitam riscos. Além disso, segundo ele, aquelas empresas que não investirem em uma boa reputação irão desaparecer em seis anos.

O próprio Fink ressaltou que boa reputação tem mais a ver com lucratividade do que com benevolência. Segundo ele, em uma carta aberta aos CEOs, escrita em 2022,[1]

> o capitalismo de *stakeholders* não se trata de política. Não é uma agenda social ou ideológica. Não é 'justiça social'; é capitalismo, conduzido por relacionamentos mutuamente benéficos entre você e os funcionários, clientes, fornecedores e comunidades, nos quais sua empresa depende para prosperar. Esse é o poder do capitalismo.

Essa carta do Larry Fink acordou o mercado, levando todos a questionar o que é uma boa reputação e como investir nisso.

1. MAEDA, Danilo. Não é 'Justiça Social'. É capitalismo: o poder de uma carta de Larry Fink. Exame, São Paulo, 19 de janeiro de 2022. Bússola. Disponível em: https://exame.com/bussola/nao-e-justica-social-e-capitalismo-o-poder-de-uma-carta-de-larry-fink/. Acesso em: 27 fev. 2025.

Parece que a grande sacada de Larry Fink foi mostrar que reputação tem tudo a ver com menos riscos e mais lucro – o que tem TUDO a ver com Governança.

E como saber se a empresa tem uma boa reputação? A B3 criou o Índice de Sustentabilidade Empresarial (ISE B3) com o objetivo de "ser o indicador do desempenho médio das cotações dos ativos de empresas selecionadas pelo seu reconhecido comprometimento com a sustentabilidade empresarial".[2] Com métricas e indicadores claros, o ISE B3 começou a medir todas as organizações para saber quais empresas têm um bom índice de ESG, uma boa reputação e oferecem menor risco. É por isso que o G, do ESG, tem tudo a ver com mitigar riscos.

Afinal, a governança corporativa representa, basicamente, a forma pela qual a empresa se organiza em relação à sua estrutura societária e de gestão, com o objetivo de garantir um alinhamento de interesses entre todos os envolvidos: sócios, gestores e demais partes interessadas. E, para isso há uma série de boas práticas que podem ser adotadas, como o planejamento estratégico, a implementação de órgãos de gestão e controle e de programas de Compliance, além da formalização de documentos que orientem as tomadas de

2. B3. Índice de sustentabilidade empresarial (ISE B3). *B3*, [S. l.], c2024. Disponível em: https://www.b3.com.br/pt_br/market-data-e-indices/indices/indices-de-sustentabilidade/indice-de-sustentabilidade-empresarial-ise-b3.htm. Disponível em: jan. 2023.

decisão tanto por parte dos sócios (ex.: acordo de sócios), como em relação à gestão (ex.: políticas internas).

Mas as medidas de governança adotadas devem sempre se basear em quatro princípios: a equidade, a transparência, a prestação de contas e a responsabilidade corporativa.

- **Transparência:** apresentar e disponibilizar informações de interesse a todos os envolvidos nas operações da empresa, indo além de fornecer apenas os dados previstos por leis.
- **Equidade:** este aspecto diz respeito ao tratamento dos colaboradores, fornecedores, clientes e *stakeholders*, sempre de forma justa e igual, avaliando os deveres, responsabilidades e objetivos, sem se deixar influenciar por outros fatores.
- **Prestação de contas:** é preciso prestar contas da atuação em todos os âmbitos, seja financeiro, operacional e outros, de modo claro. Além do que, é importante assumir as consequências por seus atos.
- **Responsabilidade corporativa:** aqui é importante cuidar da viabilidade econômica do negócio no curto, médio e longo prazo, levando em consideração os lados financeiro, humano, social, ambiental etc.

Falar de Governança Corporativa, então, é pensar em todos envolvidos nos processos da organização que fazem parte da cadeia produtiva e, por isso, terão impacto na reputação do negócio. Nessa perspectiva, destaca-se a importância de cada elo da cadeia produtiva de uma empresa, sobretudo os fornecedores neste processo, para evitar riscos, como o recente caso da Zara, multada por trabalho análogo à escravidão após vistoria em um dos seus fornecedores terceirizados. A consequência dessa lacuna na governança da empresa foi o abalo na sua reputação, que ainda trabalha para reverter sua imagem pública, uma vez que esse caso foi bastante noticiado pela imprensa. E quase sempre é assim, décadas de uma boa reputação podem ser facilmente abaladas por episódios pontuais e contextuais, de cujos danos demoraram a se recuperar. É por isso que está cada vez mais comum encontrar, vinculada à área de compras de uma empresa, a gestão de fornecedores.

Há diversas formas de se evitar que algo semelhante aconteça apenas com um sistema de vistoria dos fornecedores, por exemplo. Da mais alta tecnologia, de softwares de ponta até fotos simples, via celular, em uma plataforma digital para validar as métricas de cada fornecedor e ter, assim, o selo de boa Governança, de ESG. São formas válidas de se ter evidências sobre todos os processos da empresa, inclusive dos fornecedores, para que se possa fazer o devido controle e a gestão em uma plataforma com todas essas informações. Com ações simples, como uma foto tirada pelo próprio celular de um terceirizado, por exemplo, é possível criar uma plataforma de controle, em que se verifica o cumprimento das métricas ambientais e sociais da empresa, e cria um registro e evidências necessárias para a Governança.

Ao monitorar o comportamento dos fornecedores por meio de evidências, ou registros, a gestão consegue controlar todos os processos da empresa – mesmo os terceirizados – e verificar se estão de acordo com os valores da organização e, principalmente, com a legislação trabalhista. Criam-se métricas relativas aos três campos ESG, uma plataforma alimentada constantemente com informações atualizadas de cada processo da empresa e um sistema de controle que garanta essa gestão, elementos fundamentais para uma boa reputação.

Mas como nem tudo são flores, é preciso cuidado redobrado para se evitar o *greenwashing*, ou, como traduzi informalmente para o português, "lavar o porquinho". O conceito é um termo em inglês que pode ser traduzido diretamente como "lavagem verde" e é praticado por empresas, indústrias públicas ou privadas, organizações não governamentais e até governos. Era, basicamente, uma estratégia de marketing, de promover discursos, ações e propagandas sustentáveis que não se sustentam na prática.

Mas o termo vai muito além disso agora. Com a agenda ESG em alta, as empresas têm buscado mostrar que estão na linha – mesmo que algumas delas não estejam.

Um caso recente e emblemático de *greenwashing* aconteceu em 2015, quando a automobilística Volkswagen foi envolvida

> em um escândalo de falsificação de resultados de emissões de poluentes em motores a diesel. A montadora admitiu que usou um programa de computador para burlar inspeções de 11 milhões de veículos no mundo. O resultado? O presidente da empresa pediu desculpas e renunciou ao cargo, a companhia fez um recall de 8,5 milhões de unidades e a empresa teve seu primeiro prejuízo em 15 anos.[3]

A consequência foi tão desconcertante para a Volkswagen, assim como para a Zara, porque afetou, em cheio, a menina dos olhos da Governança de qualquer empresa: sua reputação. E com ela despencaram também as ações e ativos financeiros e, consequentemente, o lucro dessas empresas.

Um outro caso recente, que tem gerado bastante repercussão na mídia, é o escândalo da dívida de R$20 bilhões da Americanas. Se as inconsistências no balanço são fruto de erro ou fraude, caberá às autoridades que investigam o caso responderem. Mas, independentemente da causa, especialistas dizem que uma política ESG bem-feita teria evitado o problema. Na verdade, nesse caso, este último pilar é o que está na raiz do rombo revelado nos últimos meses. Afinal, como já sabemos, governança é a maneira como uma empresa organi-

3. AMARO, M. Greenwashing: o que é e por que pode impactar seus investimentos e suas compras. *InfoMoney*, [*S. l.*], c2024. Economia. Disponível em: https://www.infomoney.com.br/economia/greenwashing-o-que-e-e-por-que-essa-palavra-pode-impactar-seus-investimentos-e-suas-compras/. Acesso em: 24 out. 2024.

za sua estrutura de tomada de decisões e dá transparência aos processos administrativos.

Companhias com esse pilar bem desenvolvido são aquelas que cuidam da lisura de suas atividades, garantindo a independência do conselho de administração e investindo em mecanismos de prestação de contas. E o rombo revelado pelo então CEO Sérgio Rial, ao pedir demissão apenas dez dias após assumir o cargo, aponta para operações de "risco sacado", quando uma empresa contrata um banco para antecipar recebíveis a fornecedores, que foram registrados incorretamente durante anos. Em vez de serem consideradas dívidas com instituições financeiras, elas entravam como despesas com fornecedores, o que não comprometia o resultado da empresa. Ao analisar toda essa situação, não deixa de ser um episódio de *governance washing*, em que o porquinho foi lavado várias vezes para parecer uma coisa que não correspondia à realidade.

E como evitar cair nas armadilhas de se lavar o porquinho? Com métricas precisas sobre cada processo da empresa, com um sistema de controle que permita à gestão acompanhar o que, eventualmente, pode não estar correspondendo à realidade, como o próprio exemplo que sugeri antes, de fotos do ambiente de trabalho dos fornecedores terceirizados. Afinal, não são as fotos, por si, que garantirão o selo ESG de boa reputação, e, sim, o controle que se faz dessas fotos e de todas as informações dos processos da empresa, que devem ser constantemente atualizados e monitorados pela gestão em busca da consolidação de suas próprias métricas.

Além disso, e não menos importante, um sistema de controle com métricas sobre as três áreas ESG não só ajuda na construção de uma boa reputação, como é fundamental para garantir o alinhamento e a comunicação entre os vários setores de uma empresa, ou, como gosto de dizer, para garantir o nível de granularidade ideal para cada situação. Por nível de granularidade, podemos entender a capacidade de abordar qualquer assunto com abrangência e profundidade no momento certo, de acordo com o seu objetivo em determinada situação. Vamos ilustrar com um exemplo concreto, de um *case* que já comentamos neste capítulo, para facilitar.

No caso da multa aplicada a Zara por constatação de trabalho análogo à escravidão em uma de suas oficinas de costura terceirizada, é compreensível que as pessoas, dentro da sua simplicidade e de como foram envolvidas no processo, não tenham entendimento de sistema de gestão ou possuam um ERP da SAP, por exemplo. Afinal, muitas vezes são pessoas despreparadas tecnicamente e com baixa escolaridade – o que não interfere no resultado daquele produto/trabalho que entregam, mas que pode gerar um ruído na comunicação entre os processos da empresa. Então, seria uma atuação mais adequada pedir a essas oficinas de costura, fotos, vídeos e materiais acessíveis, por exemplo – que consigam produzir e enviar sem dificuldade, do próprio celular até –, que comprovem que não há condições de trabalho análogas à escravidão naquele local.

E cabe à empresa o papel de monitoria do comportamento dos fornecedores, dar o suporte necessário e investir em desenvolvimento técnico e qualificações em se tratando de um fornecedor em potencial para o abastecimento do seu processo. Então cabe ao RH ou à gestão de fornecedores dar o suporte necessário, explicar e adaptar as demandas para a realidade de cada fornecedor, entendendo o comportamento para auxiliá-los. Para, assim, construir uma comunicação com abrangência e profundidade de acordo com cada interlocutor, com o nível de granularidade de cada um, para conceber lastros, e evidências que expressem a boa reputação na prática, e não apenas no marketing.

Com nível de granularidade, então, estamos chegando perto de um dos conceitos mais importantes de todo o Método Capivara: falar no momento certo. Afinal, você pode ser um mega especialista em sistemas de controle ou ser uma pessoa leiga no assunto, como, supostamente, a costureira da oficina terceirizada citada neste exemplo, em não fazer ideia do que é um sistema de controle, em que, juntos, precisam encontrar uma solução para alimentar a plataforma com informações atualizadas sobre o trabalho de ambos, em cada um dos seus processos dentro da empresa. Cabe ao especialista em sistemas de controle ajustar-se ao discurso para acessar a realidade dos fornecedores, gerando afinidade de escuta para, então, passar suas orientações, com foco em soluções tangíveis aos recursos e à visão de mundo deles, sem sair das métricas da empresa.

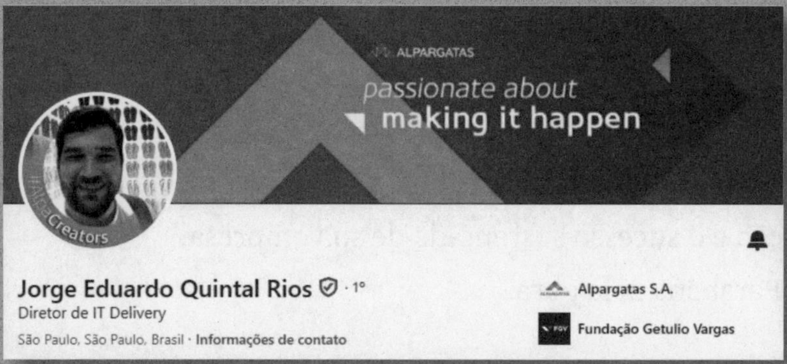


Como executivo e leitor dedicado das obras do Dominic, posso afirmar com certeza que este livro sobre ESG oferece uma abordagem excepcionalmente prática e estratégica. Dominic combina uma compreensão profunda dos conceitos ESG com insights acionáveis, facilitando a integração desses princípios na prática empresarial, nossa maior dificuldade.

Precisa e notável é a capacidade do Dominic de conectar os conceitos de ESG com objetivos financeiros e operacionais. A introdução do Win Cards Business Game **e o exemplo detalhado do McDonald's demonstram de forma eficaz** como aplicar estratégias ESG para otimizar a receita e reduzir custos, aspectos críticos para qualquer líder de negócios.

Este livro é uma leitura essencial, digo que obrigatória, para executivos que buscam não apenas entender a importância dos princípios ESG, mas também implementá-los de maneira que gere valor real para a organização. A clareza e a aplicabilidade das ideias apresentadas fazem desta obra uma ferramenta valiosa para qualquer profissional comprometido com a transformação e o sucesso sustentado de sua empresa.

Parabéns pela obra!

# CAPÍTULO 8

# CAPÍTULO 8

# Conversas horizontais: para falar no momento certo

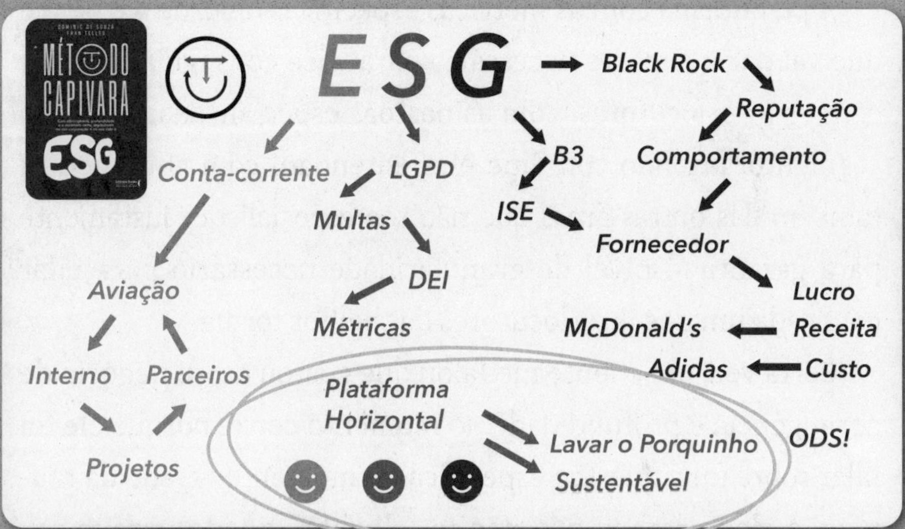


Falar de ESG com profundidade, em cada uma das áreas que compõem a sigla, não é necessariamente fácil, mas é acessível na base do esforço individual para se debruçar em determinado assunto (no E, no S ou G) e desbravá-lo em toda sua profundidade. Em outras palavras, estudar e se especializar é o caminho. Porém, na prática, desenvolver e implementar projetos ESG nas empresas esbarra na dificuldade de muitos diante da necessidade de conversas horizontais, que são aquelas conversas em que é preciso abordar os 3 assuntos (E, S e G) simultaneamente, com gente especializada em cada uma das letras e que, muitas vezes, sabe muito pouco das demais áreas e sobre o comportamento das pessoas. É para isso que você vai precisar exercitar o falar no momento certo.

A plataforma com as métricas específicas de E, de S e de G é que vai dar o suporte necessário para você conseguir dialogar com os interlocutores, com as pessoas especializadas em cada segmento, fazendo com que elas entendam com abrangência também das outras áreas que não são especialistas, justamente para garantir o nível de granularidade necessário para falar com cada um dos interlocutores da melhor forma.

Certa vez, um cliente me falou que gostou desse negócio de abrangência e profundidade no momento certo, porque ele foi falar sobre uma questão específica no momento errado da reunião, e ele percebeu que não foi, de fato, ouvido porque seu interlocutor era um mega especialista em Governança, e não conseguiu entender o que ele quis dizer sobre o E (ambiental), porque abordou no momento errado. Não adiantou falar, falar, falar, explicar, explicar, explicar, porque o momento era errado. O que eu disse a esse cliente é exatamente o que estou dizendo a você: se não tiver um ponto de contato nivelado entre as pessoas, não tem conversa produtiva, não tem projeto de ESG implementado. Então, crie este processo: primeiro, ESG com abrangência. Com quem eu estou falando? Você é de G? Então deixa eu te explicar que estamos precisando de uma plataforma para poder fazer a gestão de fornecedores, e ter métricas claras do S para evitar trabalho análogo à escravidão. Faz sentido para você? Métricas claras de S envolvem diversidade, igualdade e inclusão – entrando no ESG com profundidade para instruir, orientar de acordo com a visão de mundo do interlocutor, trazendo a conversa quando o conhecimento já foi nivelado entre ambos, no momento certo.

É por isso que, ao ter o conhecimento abrangente de ESG nivelado entre todos, torna-se possível enxergar os projetos de forma horizontal. E agora vou explicar como você vai construir essas conversas horizontais. Qual é o alicerce que você tem que usar? O alicerce é justamente o LUCRO, que nada mais é do que aumento de receita ou redução de custo, separados ou simultaneamente. É preciso enxergar onde é possível aumentar a receita ou reduzir os custos dentro da empresa. Porque apenas o lado romântico do ESG já não existe mais, não tem mais brincadeira para amadores, estamos diante de impactos avassaladores no mercado financeiro atual. Então, para ter conversas horizontais efetivas, elas terão que ser recheadas de aumento de receita e redução de custo para garantir o que o executivo ou o acionista mais quer ver: o lucro.

Vamos tomar um exemplo, como o McDonald's. Se você assistir ao filme que fala da origem do McDonald's, há um momento em que eles pegam o espaço de um estacionamento para fazer o teste dos processos de montagem dos lanches. Em vez de construir todo o restaurante, eles fizeram todos os testes até atingirem a marca de 5 minutos por lanche, ou seja, até 5 minutos para entregar o sanduíche do seu pedido. Essa cultura de testar, testar, testar, também é olhar a coisa de forma horizontal. Verificar se o cara da batata passa no momento certo, que passa por outro do lanche, que tem a ver com a bebida pronta. Eles vão reduzir os custos, melhorando a automação, vão aumentar receita, porque vão vender os sanduíches mais rápido, vão diminuir o custo, porque vão precisar de menos pessoas, e isso é uma cultura que é enraizada dentro do McDonald's.

Isso foi o que eu aprendi assistindo ao filme, mas também tem o exemplo do McDonald's de Cotia, próximo de onde moro. Toda vez que eu passava por lá, desistia porque tinha uma fila enorme dentro do drive-thru. E o que eles fizeram? Eles simplesmente passaram todo atendimento da seguinte forma: entra rápido, paga rápido e espera para retirar o pedido. Então a fila que ficava logo na entrada do drive-thru – que era o desestimulante – já não existe mais, mas a fila ainda continua, agora para receber o sanduíche, de forma que não é possível enxergá-la até você cair na espera pela retirada. Então, o que aconteceu? Agora eu passo de carro e não vejo a fila, então entro no drive-thru, mas o tempo de atendimento completo é exatamente o mesmo de antes, a única diferença é que quando eu passo, eu não vejo, porque a fila só é visível para quem está recebendo o lanche no carro. Esse é um outro exemplo de como enxergar com uma visão horizontal os processos envolvidos em uma fila de drive-thru.

E onde entra todo o lado da psicologia em cima das conversas horizontais? É que você vai começar a falar com pessoas de áreas diferentes, ter isso numa plataforma e ter que conectar e integrar três pessoas diferentes, para não dizer quatro ou cinco. Por exemplo: 1) vai ter alguém de E, ambiental; 2) vai ter alguém de S, do social, que pode ser do RH, por exemplo, ou também pode ser alguém de sustentabilidade; 3) é um cara de TI, que é *Procurement* na escolha da plataforma, aliás, das leis, a parte de auditoria; 4) você tem propriamente um que pode ser de RH; e 5) pode ser o cara de compras. Ou seja, tem um arcabouço de pessoas distintas, que não entendem de forma abrangente, e sim, entendem de forma profunda, cada um da sua área.

E como fazer essas conversas fluírem? Com o Método Capivara, educando as pessoas, tornando-as literais em ESG. Depois que nivelou o abrangente entre elas, pode mergulhar no assunto delas com profundidade, e falar no momento certo, quando tiver um ponto de interesse em comum. Então, por exemplo, quando eu conversar com alguém de TI, vou ter que explicar para ele o básico do ESG e propor a ele: "Olha, agora que você conhece as três letras, vamos fazer uma TI que consome menos energia? Um data center que trabalha com gasolina à noite e, durante o dia, economiza energia? Vamos criar?". Vamos ter uma árvore no meio do data center, como eu já vi na Microsiga, quando eu trabalhei lá, o prédio inteiro montado em volta de uma árvore. Isso é uma TI mais ESG.

E o que você faz para essa conversa ser horizontal? Eu tenho que explicar para ele de TI, e só depois falar da tecnologia. Não adianta me reunir com ele só falando da tecnologia sem ele entender, primeiro, o abrangente, ou falar com alguém do RH sobre emissão de carbono, ou falar da governança, sem nivelar as bases. É preciso entender onde ele (seu interlocutor) está para poder falar no momento certo.

Um outro exemplo que eu trago para a gente poder amarrar tudo isso é justamente de uma conversa horizontal que tive com um cliente sobre cofres. Eu estava falando com o executivo, ele falou:

— A gente tem os cofres, que vão lá e fazem transporte de dinheiro.

E eu perguntei:

— Me diz uma coisa, o que que vocês vão fazer com dinheiro no futuro, já que ele está desaparecendo?

— Puxa, não sei, vamos pensar. Mas a gente está abrindo uma fintech.

— Opa! Você está abrindo uma fintech? Então você está provisionando algum tipo de financiamento para pessoas. Será que são comunidades? Pode ser outra coisa também. Se o cofre de vocês faz a contabilidade do dinheiro, por que não ir menos, quer dizer, com uma menor frequência para resgatar o dinheiro? Você vai economizar gasolina, vai economizar pneu, você vai economizar uma série de pessoas indo e emitindo carbono, da mesma forma, você coloca os funcionários em uma situação com menos risco, então você consegue ser S também, e se você tem tudo isso de uma forma metrificada, você vai conseguir mostrar as evidências para o mercado, o quanto vocês são uma empresa E, que vocês têm uma reputação a zelar e que estão preocupados com o ESG.

Fui de uma base comum entre nós, os cofres da empresa dele, até criar um ponto de interesse mútuo e conseguir apresentar algumas sugestões de projetos ESG para a empresa. Então fui de cofres que conseguem contabilizar sozinhos, em que a empresa não precisa pegar o dinheiro com o banco, ele pode simplesmente usar aquele crédito que recebeu e contabilizou nos cofres para depois investir em outros projetos, projetos de créditos de carbono, projetos sociais, isso tudo em cima das métricas de ESG, mas que só foi possível apresentar a ele porque partimos de uma base comum rumo a um objetivo bastante conhecido, que é aumentar o lucro da sua empresa. Esse é o caminho para se falar no momento certo, as conversas horizontais, e não há nenhum segredo nisso, apenas uma boa noção de psicologia do comportamento humano em que vou me aprofundar um pouco mais agora.

E quando eu falo em psicologia do comportamento humano, não tem como não lembrar do Dico, meu bom e velho amigo, que me ajudou a entender tantas teorias e estudos do campo científico da psicologia aplicada na prática, naqueles sufocos do dia a dia. Afinal, o Dico é totalmente feito de psicologia, leva a simbologia em suas mãos do A de Acabativa e o C de Comportamento e, em seus pés, PA de Psicologia Aplicada e o G de Gerenciamento de Projetos. E todo seu corpo foi ganhando forma justamente porque a psicologia – psicanálise, comportamental e aplicada – faz MUITO parte da minha vida. E por isso vou contar uma história pessoal, que, pensando bem, hoje até parece bastante bizarra, mas foi graças a ela que entendi uma importante lição de vida e que, talvez, se esse episódio não tivesse acontecido comigo há muito tempo, hoje eu não teria a visão que construí da vida. E é por isso que dou tanto valor às experiências empíricas, um dos pilares que me fizeram tirar esse livro das ideias e passar para o papel.

Certa vez, há algumas décadas – para evitar a expressão "no século passado" –, eu estava vindo com a minha moto, uma vespinha, em uma rua bastante estreita, quando veio um caminhão de lixo e entrou nessa rua em que eu estava de moto. Praticamente no mesmo instante, veio um carro que absolutamente não vi de onde saiu e me fechou. Subitamente, eu e minha vespinha caímos no chão. Eu tinha um carinho imenso por essa moto e, mal me dando conta do que tinha acabado de ocorrer, levantei do chão naquele ímpeto de tirar satisfação, com aquela vontade de arrumar briga com o cara que me fechou. Só que, no meio disso tudo, eu esqueci completamente do caminhão de lixo que estava na rua. E enquanto eu gritava com o cara do carro, não vi o lixeiro vindo, e o que aconteceu?

O caminhão de lixo engatou na minha Vespa e a arrastou, enquanto eu estava lá preocupado em brigar com outro cara que me derrubou. Eu olhei ele arrastando a minha vespinha e indo embora com ela. E aí eu pulei na frente do caminhão, tentando abrir caminho, só que o lixeiro que ia atrás do caminhão ficou desesperado quando me viu, porque ele não tinha visto a cena em que eu caí e, por isso, não entendeu de onde eu saí. Ele desceu do caminhão assustado, perguntando o que aconteceu? O que aconteceu? Provavelmente, ele achou que o caminhão havia me atropelado, junto com a moto! Aí... minha moto! Aí ele desceu, não fez a ligação de que era eu o dono da moto, meu, cadê? E aí, na hora que ele parou o caminhão, tirei a moto debaixo, e minha vespinha, coitada, estava toda torta e amassada. Percebi que, pela perspectiva de visão do motorista, em sua alta cabine, não conseguiria enxergar a moto no chão.

Enfim, fiquei no prejuízo com a minha moto, mas pelo menos me dei conta de que eu não precisava ter passado por isso se não tivesse sido levado completamente pelo desejo do meu ego em brigar com o cara do carro que me fechou. E, naquele momento, eu não tive essa maturidade de evitar que algo ainda pior acontecesse comigo e com a minha moto. Hoje, que eu já passei por essa frustração, se eu cair de moto na rua, a primeira coisa que eu faço é tirá-la do caminho, em vez de ir discutir com quem a derrubou.

E essa foi uma das grandes lições de psicologia que o Dico me ajudou a compreender durante a minha vida: maturidade é a sua capacidade de lidar com frustração. E se você nunca passou por nenhuma frustração, como é que você vai criar maturidade? Vai estudar sobre ela? Pode até ser útil, mas nunca será como na prática, em que você sente as emoções latentes, a impulsividade, a raiva, o desespero e quer agir, precisa agir, não sabe como agir... Então o caminho é esse, você passa por frustrações; na hora, é horrível, mas depois você cria maturidade a partir daquela experiência, e, provavelmente, vai evitar cair nas armadilhas do ego nas próximas oportunidades.

E o que a história do trágico fim da minha moto tem a ver com falar no momento certo? É que, para ter abrangência para poder falar no momento certo, você tem que ter maturidade para poder renunciar ao seu próprio ego e lembrar que nunca é sobre você, mas é sempre sobre o outro. Para poder entender que, muitas vezes em que quiser falar, você vai ter que ficar quieto, sim, porque, apesar de ter se preparado para aquele momento e querer mostrar todo seu repertório, você não precisa mostrar, não precisa dar aulas para os outros, porque o objetivo não é esse, essa é apenas a armadilha do ego, que precisamos gerenciar o tempo todo.

Segundo a psicanálise, na linha de Freud, nós temos apenas dois objetivos na vida: aumentar o prazer ou reduzir a dor. Exemplos: o papo está tão gostoso, quero aumentar o prazer; nosso papo está tão ruim, quero diminuir a dor, vamos encerrar; nossa, falar aquilo vai doer tanto, quero diminuir a dor, vou falar de outra forma; vou embora ou vamos comer mais, que eu quero aumentar o prazer; já comi tanto que quero reduzir a dor; eu não quero ter essa conversa com a minha mãe, estou diminuindo a minha dor... Se for começar a lembrar de todas as situações do dia e classificar, você vai ver que é tudo nesse sentido, nosso impulso primitivo é sempre o de aumentar o prazer ou reduzir a dor. E, coincidentemente, no mundo dos negócios eu faço a mesma coisa: aumento de receita ou redução de custo, se for outra coisa, eu não converso, porque eu sei que é isso que os executivos querem ouvir. Então, quando você começa a tratar o lado comportamental, você entende que as pessoas são, muitas vezes, escravas do seu próprio ego, e, no fundo, esse cara está fazendo isso aqui ou para aumentar o prazer ou diminuir a dor dele. E só as frustrações da vida vão ajudá-lo a criar maturidade para conseguir gerenciar o ego para evitar cair em suas tantas armadilhas.

E em uma reunião com a equipe de trabalho, quantas armadilhas do ego não precisamos gerenciar? Você se prepara um monte, vai cheio de ideias e propostas que estudou e quer falar, falar, falar, expor, expor, expor, mostrar tudo que sabe e como se preparou muito. É o seu ego querendo aumentar o prazer, ser recompensado pelo esforço. Mas o que estou propondo aqui é que você vai ter que se preparar; na verdade, é para ficar quieto! Para gerenciar o seu ego e segurar a onda, para falar no momento, é preciso, primeiro, ouvir muito e atentamente para estabelecer os pontos de interesse comum com os interlocutores, e não vir com um discurso pronto de reunião que faz todo mundo ficar com sono e desatento. Por dentro, o que a gente vive gerenciando é aumentar o prazer; "vou falar, diminuir a dor, aí não vou falar, vou ouvir primeiro, mas me preparei tanto, que sacanagem!". É contra esse leão interior que precisamos lutar antes de tudo e todos os dias!

Pessoalmente, eu, Dominic, já sofri muito tentando me conter durante reuniões. E também já perdi boas oportunidades por justamente não falar no momento certo. Por isso, o Dico acabou me ajudando a desenvolver algumas técnicas para ter mais consciência sobre o gerenciamento do meu ego.

Minha primeira estratégia para me preparar para as conversas horizontais é sempre lembrar do mantra **"Nunca é sobre você, é sempre sobre o outro"** para já ir calibrando o gerenciamento do meu ego. Com essa ótica, então começo a minha preparação para a reunião.

**1. Cenário físico:** construo um "cenário de estudo" na minha casa, na TV, todo o conteúdo que preciso estudar, sobre o tema e, principalmente, sobre a pessoa com quem vou conversar. Faço isso para agradar ou convencer meu interlocutor na reunião de amanhã? Não, faço isso para que eu, Dominic, consiga me controlar, segurar minha ansiedade, porque, ao me preparar para aquilo, eu provo para mim mesmo que fiz a tarefa de casa, que estou pronto para a reunião, não me sentirei desprevenido, e isso me tira um peso emocional muito forte para conseguir falar no momento certo. Mas é claro que isso aqui também fisicamente, cronologicamente, me ajuda muito no começo da reunião, porque o interlocutor também já percebe de início que eu estudei sobre ele. Sabe aquela coisa de ver o LinkedIn e já ganhar dez minutos de reunião? Então, mas no fundo, no fundo, para poder falar no momento certo, estou lidando com a minha frustração de que não vou poder falar quando quiser, de que não serei o foco da reunião, porque não é nunca sobre mim, é sempre sobre o outro, então este é um cenário físico, que você também pode construir, e que me ajuda muito nessa prévia das conversas horizontais.

**2. Tática física (behaviorista):** eu, Dominic, literalmente ponho a mão na boca para evitar falar (e deixar o outro falar) em alguns casos. E me perguntam: mas você vai deixar de falar? Sim, vou deixar que ele fale primeiro, tudo que quiser, e vou me segurar enquanto isso. É claro que eu já tenho maturidade nisso, porque já passei pelas frustrações de perder um pedido por falar demais, falar na hora errada, então hoje já estou bem mais tranquilo, mas ainda há momentos em que eu também não me aguento e preciso gerenciar o meu ego, e essa é uma estratégia simples e funcional para esperar o momento certo chegar.

3. **Visualização:** foco no que dá resultado, e o que dá resultado é entender o comportamento humano, porque todos nós reagimos aos mesmos gatilhos da nossa mente e do nosso emocional, é uma coisa visceral e primitiva, que nos une enquanto espécie humana. E o que dá resultado nas conversas horizontais? Aumentar a receita ou diminuir os custos, ou seja, o LUCRO.

4. **Alicerce das conversas horizontais:** o LUCRO. O lucro nada mais é do que o aumento de receita ou redução de custos, separadamente ou de forma unida, mas se você não conseguir enxergar onde é possível aumentar receita ou reduzir os custos, esquece! Você cai no lado romântico do ESG, que não existe mais, só o discurso não se sustenta. Então, quando você tiver conversas horizontais, elas vão ter que ser recheadas de aumento de receita e redução de custo para a gente garantir o lucro de hoje, que é o que o executivo quer ouvir, o que o acionista quer ouvir e o que trará resultados a todos.

Por fim, depois de tantos exemplos, dicas e histórias, procure pensar nas conversas horizontais como oportunidades de colocar os óculos de realidade virtual de ESG por meio do qual todos os seus projetos serão enxergados em 360°, considerando as circunstâncias, os interlocutores, os objetivos e as potencialidades que residem nas três letrinhas da sigla ESG. É isso que eu digo a todos: olhe para seus projetos com os óculos ESG e você verá uma série de correlações que não estava vendo antes, seja pela falta de conhecimento abrangente ou específico sobre ESG, seja pelas armadilhas de gerenciamento do seu ego que te atrapalhavam para falar no momento certo. Então olhe para seus projetos com os óculos ESG, comece a enxergar todas as possibilidades das conversas horizontais, e foque no que dá resultado: aumento de receita (prazer) e redução de custos (dor)!

Agora que já vimos a perspectiva ESG com abrangência e profundidade, e algumas dicas de como falar no momento certo, eu te convido a dar um passo além e colocar tudo isso em prática, e agora mesmo, junto comigo. Topa? Ao me propor escrever um livro de ESG para não especialistas, com essa abordagem mais pessoal e informal – típicas da minha didática como professor –, acabei ultrapassando os limites do projeto livro e me propondo algo novo e desafiador: será que consigo criar um jogo para demonstrar como implementar projetos de ESG? E eis que vos apresento, em primeira mão, uma prévia do Win Cards

Business Game: o jogo das conversas horizontais, uma forma diferenciada de aprender a implementar projetos de ESG através da dinâmica de um jogo de cartas recheado de autoconhecimento, visão estratégica e lucro, aplicável a qualquer área de atuação. Você pode conhecer mais do jogo no pós-epílogo.

# CAPÍTULO 9

# CAPÍTULO 9

# A evolução da COP26 à COP30

Antes de encerrarmos nossa jornada com o epílogo, é fundamental trazermos uma atualização sobre os avanços e desafios enfrentados desde a COP26 até a aguardada COP30. Essas Conferências das Partes da ONU têm desempenhado um papel crucial na luta global contra as mudanças climáticas, estabelecendo compromissos, metas e ações concretas para enfrentar essa crise sem precedentes.

A COP26, realizada em Glasgow em 2021, foi um marco na ação climática. O Pacto Climático de Glasgow reafirmou o objetivo de limitar o aquecimento global a 1,5°C acima dos níveis pré-industriais; reconhecendo a necessidade de reduzir as emissões globais de gases de efeito estufa em 45% até 2030, em comparação com os níveis de 2010. Além disso, a conferência destacou a importância de aumentar o financiamento climático para países em desenvolvimento, abordando questões críticas como adaptação, perdas e danos, e cooperação internacional. A COP26 também viu a participação ativa do setor privado e da sociedade civil, que pressionaram por ações mais ambiciosas e imediatas.

Desde então, o mundo tem testemunhado avanços significativos na implementação desses compromissos. Muitos países intensificaram seus esforços para reduzir emissões, investir em energias renováveis e promover a transição para uma economia de baixo carbono. Por exemplo, a União Europeia e os Estados Unidos anunciaram planos para atingir a neutralidade de carbono até 2050. No entanto, a ação climática precisa ser acelerada e ampliada para evitar os piores impactos das mudanças climáticas, e a cooperação internacional é essencial para garantir que todos os países recebam o apoio necessário.

É nesse contexto que a COP30, a ser realizada em Belém, em 2025, ganha uma importância ainda maior. A escolha da cidade coloca a Amazônia, a maior floresta tropical do mundo, no centro das discussões climáticas globais. Durante a conferência, espera-se que os países revisem seus compromissos nacionais, estabeleçam metas ainda mais ambiciosas e abordem temas emergentes, como a relação entre a preservação da Amazônia e a luta contra as mudanças climáticas, bem como o papel dos povos indígenas na conservação dos ecossistemas. A COP30 também deverá focar em soluções baseadas na natureza e na restauração de ecossistemas como estratégias-chave para mitigar as mudanças climáticas.

Mais do que nunca, a COP30 será um chamado à ação. A colaboração global, o compromisso político e a mobilização da sociedade civil serão essenciais para alcançarmos um futuro sustentável e resiliente. É fundamental que todos os países, setores e atores da sociedade se unam em torno de ações concretas e urgentes para enfrentar a crise climática. A COP30 pode ser vista como uma plataforma para fortalecer a governança climática global, promovendo a transparência e a responsabilização entre as nações.

Como defensores do ESG e das conversas horizontais, temos um papel crucial a desempenhar nesse processo. Ao aplicarmos o Método Capivara e os princípios do WinESG em nossas esferas de influência, podemos contribuir para a construção de um mundo mais justo, sustentável e próspero para todos. A COP30 é uma oportunidade para reafirmarmos nosso compromisso com a preservação do planeta e para construirmos um legado positivo para as gerações futuras. Vamos abraçar esse desafio com a abrangência, profundidade e no instante certo que o momento exige. Juntos, podemos fazer a diferença e pavimentar o caminho para um futuro melhor.

# EPÍLOGO

# Epílogo

Ao longo desta obra, mergulhamos no fascinante universo do ESG e das conversas horizontais, guiados pelo inovador “Método Capivara” e seu personagem central, o Dico. Mais do que um simples acrônimo, ESG se revelou um novo paradigma de negócios, capaz de transformar não apenas as empresas, mas a sociedade como um todo.

Partindo da premissa de que precisamos ser abrangentes, profundos e assertivos ao falar sobre ESG, desenvolvemos uma metodologia única para engajar e persuadir nossos interlocutores. O símbolo do Dico, com seus olhos representando a abrangência, o nariz simbolizando a profundidade, e o sorriso indicando o momento certo de agir, sintetiza de forma brilhante essa abordagem.

Por meio de exemplos práticos e casos reais de empresas como Embraer, Fórmula 1, Walmart e McDonald's, demonstramos como os conceitos de ESG podem ser aplicados em diferentes contextos empresariais, sempre com o foco em gerar valor e resultados tangíveis. Seja para economizar, crescer ou transformar, o ESG se revela uma poderosa ferramenta de gestão *e* inovação.

Mas o "Método Capivara" vai além do mundo corporativo. Ao longo do livro, ficou claro que seus princípios podem ser aplicados em qualquer área da vida, do desenvolvimento pessoal à saúde, passando por comunicação, investimentos e muito mais. Minha própria trajetória, superando desafios como falências e obesidade, e me tornando um atleta de lronman, é um testemunho vivo dessa abrangência.

O Método Capivara não é apenas um livro, mas um convite à reflexão, ao autoconhecimento e à ação estratégica.

Mais do que nunca, o mundo precisa de líderes capazes de implementar o ESG em todos os níveis – estratégico, tático e operacional. Líderes que entendam a importância da psicologia aplicada, do gerenciamento de projetos e da neurociência na construção de hábitos sustentáveis. Líderes que, acima de tudo, saibam falar e agir no momento certo.

Espero que esta obra tenha despertado em você o desejo de se aprofundar nesse universo e de aplicar o Método Capivara em sua vida e em seus projetos. Lembre-se: o jogo da vida é o mais importante de todos, e você tem todas as cartas na manga para vencê-lo!

Se quiser continuar esta conversa e contar com meu apoio em sua jornada, estou à disposição nas redes sociais. Juntos, podemos explorar ainda mais o potencial transformador do ESG e das conversas horizontais, construindo um mundo mais próspero, sustentável e inclusivo.

Agradeço por ter me acompanhado até aqui e desejo a você muito sucesso, dentro e fora das organizações. Que o Método Capivara seja instrumento poderoso em suas mãos, e que você possa usá-los para gerar impactos positivos duradouros. Afinal, esse é o verdadeiro propósito do ESG e a essência da nossa jornada.

**PS.**: Não perca a COP30 em 2025! Vamos continuar essa conversa lá, com ainda mais casos, insights e estratégias para implementar o ESG em escala global. Até lá!

[illegible] documento [illegible]

[illegible]

[illegible]

[illegible]

Nesse contexto, [illegible]

[illegible]

[illegible]

das conversas [illegible]

[illegible]

[illegible]

muito sucesso [illegible]

[illegible]

[illegible]

[illegible]

[illegible]

[illegible]

[illegible]

# ARTIGO

ARTIGO

# O Pará em 2024!

Tive a oportunidade de participar de um evento de ESG no Pará, onde compartilhei minha experiência e conhecimento por meio de palestras e da introdução do meu novo livro, Método Capivara. Essa jornada me mostrou a importância das pequenas ações e como elas podem gerar um impacto significativo na conscientização ambiental e na mobilização para eventos globais como a COP30.[1]

1. WM4YOU. Faça você mesmo ESG. *WM4YOU*, [S.l.], c2024. Artigos e Matérias. Disponível em: https://wm4you.com.br/f/fa%C3%A7a-voc%C3%AA-mesmo-esg?blogcategory=Artigos. Acesso em: 21 out. 2024.

Durante minha visita, presenciei um incidente que destacou a necessidade de ações individuais para a preservação do meio ambiente. Ao ver um grupo deixando garrafas de cerveja na praia, não hesitei em recolhê-las, evitando que fossem levadas para o mar. Essa ação simples chamou a atenção do dono do estabelecimento e reforçou a importância de cada um fazer sua parte.

A escolha do Pará para sediar a COP30, em 2025, é uma vitória significativa para o Brasil e a região amazônica. Belém, com sua localização estratégica, compromisso com a sustentabilidade e rica cultura, tem tudo para ser uma anfitriã exemplar. A COP30 trará atenção global para a Amazônia, impulsionando a economia local e aumentando a conscientização ambiental.

Nesse contexto, o vídeo "Faça Você Mesmo – ESG: Implemente e Conheça um *Case* Inspirador no Pará!"[2] se torna ainda mais relevante. Por meio dele, compartilho minha aventura no Pará, destacando a importância das ações ESG e apresentando um caso inspirador de implementação. O vídeo aborda tópicos como a COP30, a escolha do Pará como sede, a aplicação do ESG por meio do Método Capivara e o lançamento do meu livro. É um convite para que todos se engajem e façam a diferença em suas próprias comunidades.

........................

2. DICO SIMPLIFICA! - INTEGRANDO DICOTOMINAS. Faça Você Mesmo - ESG: Implemente e Conheça um Case Inspirador no Pará! YouTube, 26 de junho de 2024. Disponível em: https://www.youtube.com/watch?app=desktop&v=S6OcZGqPSDU. Acesso em: 14 fev. 2025.

Durante o evento, tive a oportunidade de compartilhar o Método Capivara, uma abordagem prática para implementar o ESG nas empresas e na vida pessoal. Por meio de dinâmicas interativas como o Win95!, consegui engajar os participantes, desde empresários até ribeirinhos, mostrando que o ESG é um tema relevante para todos.

Minha experiência no Pará me mostrou que pequenas ações podem ter um grande impacto. Seja recolhendo lixo na praia, promovendo o letramento por meio de livros e palestras, ou se envolvendo ativamente nas comunidades, cada um de nós pode fazer a diferença. A COP30 representa uma oportunidade única para o Pará mostrar seu compromisso com a sustentabilidade e impulsionar o desenvolvimento local de forma responsável.

# PÓS-EPÍLOGO

## PÓS-EPÍLOGO

# O jogo *Joker*: construindo sua zona de conforto para conversas horizontais efetivas

O desafio de ser muito diferente é que precisamos encontrar padrões comportamentais para conseguir encaixar as informações de forma ainda mais clara. Assim, temos um pós-epílogo, que trata sobre o que acredito ser um jogo que, em um futuro breve, nos ajudará a lidar com a velocidade e até com a influência da Inteligência Artificial.

Neste momento, você mergulhará em um jogo cujo objetivo é nos auxiliar a lidar e articular o volume insano de informações que precisamos gerenciar diariamente. Para que você esteja preparado para o que vai ler, coloquei este resumo antes do jogo.

Nos anos 2000, trabalhando com tecnologia, enfrentei desafios de *troubleshooting* que exigiam conversas horizontais para sucesso em projetos e implementação de ESG. Definir o seu *joker*, ou maior habilidade, proporciona segurança nas conversas. Criar essa carta ajuda a sintetizar ideias e manter o foco. Estabelecer princípios como lucro, contexto econômico e ESG, alinhados ao *joker*, garante uma estratégia coesa. Escolher entre cenários de Economia, Crescimento ou Transformação orienta ações específicas. A implementação deve ser tática, mostrando não só o que fazer, mas como fazer, conduzindo o projeto ESG ao sucesso.

Digo isso, pois dúvidas aparecerão, e entrar em contato será uma consequência.

Fique à vontade... Estarei de prontidão te aguardando!

# *Joker*: construindo sua zona de conforto para conversas horizontais efetivas

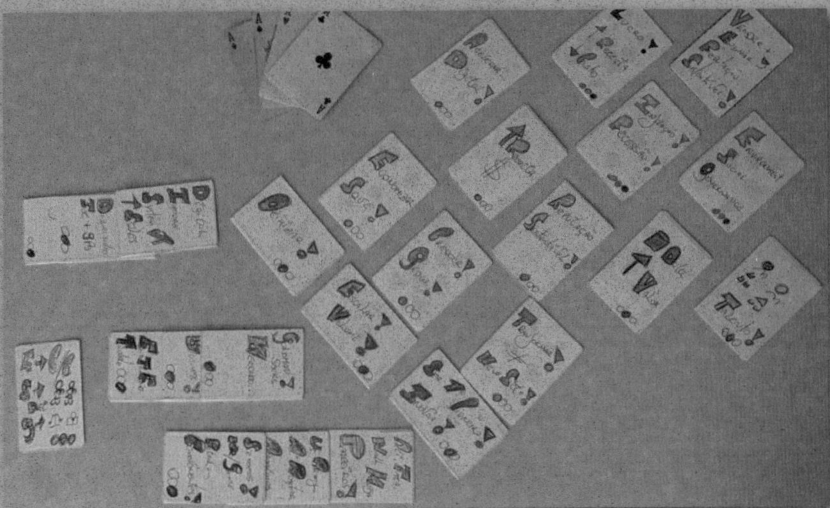

## Introdução

Nos anos 2000, trabalhando com tecnologia, eu enfrentava desafios de *troubleshooting* diariamente. Localizar problemas em processos complexos, desde a estação de trabalho até o banco de dados, exigia uma visão abrangente e profunda. A solução estava nas conversas horizontais, atravessando verticais organizacionais. Esse conceito, aplicado desde então, tornou-se fundamental para o sucesso de projetos, especialmente na implementação de ESG.

## O primeiro passo: definindo seu *joker*

Para iniciar conversas horizontais efetivas, o primeiro passo é definir seus objetivos e sua zona de conforto – seu *joker*. Essa carta representa sua maior habilidade, aquela que você pode usar em qualquer situação, evitando desconfortos e síndrome do impostor. Identificar seu *joker* é encontrar seu lugar no mundo, uma fortaleza de segurança e confiança.

## Encontrando seu *joker*

Reflita sobre sua melhor habilidade, aquela competência que é sua fortaleza. Algo que você domina em qualquer contexto, para qualquer público. Esse é o seu *joker*, que te mantém no controle das conversas, sempre capaz de retornar à sua zona de conforto.

## Meu *joker*: reputação sustentável

Traduzi ESG em uma linguagem de negócios como reputação sustentável. Isso sintetiza os conceitos de abrangência e profundidade, permitindo falar no momento certo. Reputação envolve marca, pessoas e governança. Sustentável é a capacidade de fazer as coisas acontecerem naturalmente, sem supervisão intensa.

## Criando sua carta *joker*

Neste jogo, você criará suas próprias cartas, treinando o poder de síntese. Comece escrevendo sua carta *joker*, representando sua zona de conforto. Leve-a sempre com você, preparado para conversas horizontais e grandes oportunidades.

## Treinando o poder da síntese

O exercício de criar suas cartas, especialmente o *joker*, treina seu poder de síntese. Isso ajuda a eliminar bagagens desnecessárias, ir direto ao ponto e manter o foco da audiência. Exemplos de líderes mostram como a síntese é fundamental para comunicar ideias e projetos de forma objetiva e intuitiva.

## Formatos do jogo

1. **Personal:** foco no desenvolvimento pessoal, mental, físico e relacionamentos.
2. **Win Cards Business Game:** estabelecer conversas horizontais efetivas e implementar projetos ESG.

Nosso foco será o Win Cards Business Game, mas elementos de psicologia aplicada estarão presentes. O formato personal será explorado em minhas redes sociais.

## Conclusão

Definir seu *joker* é o primeiro passo para conversas horizontais efetivas. Por meio da síntese e autoconhecimento, você constrói escudos de autoconfiança. Vamos em frente, usando o jogo para implementar seu projeto ESG de forma estratégica e impactante.

# Definindo os princípios do seu projeto

## Introdução

Após definir seu *joker*, é hora de estabelecer os princípios fundamentais do seu projeto. Esses princípios são imperativos, elementos essenciais que devem estar presentes em qualquer iniciativa de sucesso. O primeiro e mais importante deles é o lucro, afinal, executivos estão sempre preocupados com os resultados financeiros. Seu *joker* deve estar diretamente relacionado a esses princípios, criando uma sinergia poderosa para o sucesso do projeto.

## Princípio 1 – Lucro

O lucro é o princípio primordial de qualquer projeto. Para alcançá-lo, é necessário focar em pelo menos um dos seguintes aspectos:

- aumento de receita;
- redução de custos;
- diminuição de riscos.

Sem abordar o lucro, não há como avançar nas conversas com executivos. Esse princípio é a base para estabelecer um cronograma de trabalho efetivo e engajar todas as áreas da organização.

## Princípio 2 – Inflação e recessão

O segundo princípio está relacionado ao contexto atual do mercado. Neste momento, por exemplo, lidamos com inflação e recessão. Seu projeto de ESG deve considerar esses fatores, demonstrando como pode ajudar a empresa a navegar por esses desafios econômicos.

## Princípio 3 – ESG

O terceiro princípio deve estar intimamente ligado ao seu *joker*. No meu caso, como especialista em Reputação Sustentável, o ESG é o princípio natural. ESG está presente em todos os processos e é um assunto incontornável no mundo dos negócios atual. Ao alinhar seu *joker* com o ESG, você fortalece sua posição e leva a conversa para o seu campo de domínio.

## Validando os princípios

Para garantir que seus princípios estão bem estruturados, é essencial validar se eles formam uma quadra com o seu *joker*. Eles devem se encaixar e dialogar de forma harmônica. Caso contrário, é necessário reformular as cartas e realinhar a estratégia.

## O segredo das conversas horizontais

O grande segredo para o sucesso das conversas horizontais reside na habilidade de articular esses três Princípios com o seu *joker*. Ao fazer isso, você não apenas se mantém em sua zona de conforto, mas também se posiciona de forma estratégica, amparado por suas fortalezas.

## Escolhendo o cenário ideal

Com os princípios definidos, é hora de escolher o cenário que melhor se adequa ao seu projeto. Existem três opções:

1. **Cenário 1 – Economia:** seu projeto deve trazer economias para a empresa.
2. **Cenário 2 – Crescimento:** seu projeto deve impulsionar o crescimento da empresa, seja em vendas, marketing, geração de *leads* etc.
3. **Cenário 3 – Transformação:** seu projeto deve promover uma transformação na empresa, como a criação de um novo site ou a adoção de novas tecnologias.

## Cada cenário exige ações específicas de implementação:

1. Economia – Otimização.
2. Crescimento – Volume e escala.
3. Transformação – Inovação e pioneirismo.

## Engajando sua audiência

Caso sua audiência esteja pouco engajada ou com dificuldades de compreensão, é hora de usar suas cartas na manga.

Apresente cinco ações estratégicas que possam trazer recursos extras para a discussão. Por exemplo:

1. Acelerar a transformação digital.
2. Aumentar a receita.
3. Fortalecer a reputação sustentável.
4. Extrair valor dos dados.
5. Cuidar dos talentos (DEI).

Essas ações devem estar alinhadas com os princípios e o cenário escolhido, criando uma narrativa coesa e persuasiva.

## Hipóteses na manga

Se mesmo com as ações propostas o cliente ainda não reagir, é hora de lançar as hipóteses. Apresente três pontos que irão instigar a participação:

1. Economizar.
2. Crescer.
3. Se transformar (inovação).

O cliente terá que escolher uma dessas hipóteses para prosseguir. Lembre-se, ofereça no máximo três cartas para não sobrecarregar a audiência e manter o foco.

## Implementação tático-operacional

Agora é hora de ser tático e operacional. Mostre que você não apenas sabe o que precisa ser feito, mas também como fazer. De acordo com o cenário e as ações escolhidas, apresente as implementações correspondentes:

1. Economia – Otimizar.
2. Crescimento – Escalar e aumentar volume.
3. Transformação – Inovar e ser pioneiro.

Neste ponto, o jogo já está com muitas cartas na mesa. É essencial saber selecionar as três mais relevantes para enxergar as acabativas e conduzir o projeto ESG ao sucesso.

## Conclusão

Definir os princípios do seu projeto é um passo fundamental para o sucesso das conversas horizontais. Ao alinhar esses princípios com o seu *joker* e escolher o cenário ideal, você cria uma base sólida para engajar sua audiência e implementar ações estratégicas. Lembre-se de ser tático e operacional, mostrando não apenas o que precisa ser feito, mas, também, como fazer. Com as cartas certas na manga e um foco claro, você estará pronto para conduzir seu projeto ESG à vitória. Vamos para a reta final do Win Cards Business Game!

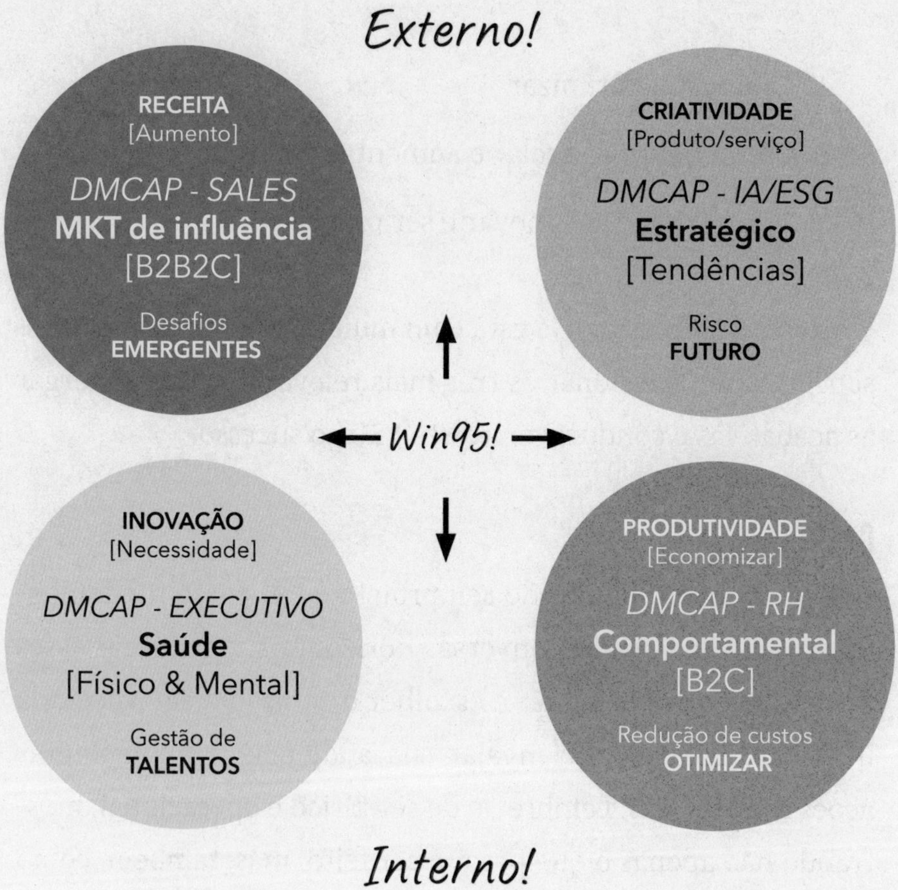
Externo!
RECEITA
[Aumento]
DMCAP - SALES
MKT de influência
[B2B2C]
Desafios
EMERGENTES
CRIATIVIDADE
[Produto/serviço]
DMCAP - IA/ESG
Estratégico
[Tendências]
Risco
FUTURO
Win95!
INOVAÇÃO
[Necessidade]
DMCAP - EXECUTIVO
Saúde
[Físico & Mental]
Gestão de
TALENTOS
PRODUTIVIDADE
[Economizar]
DMCAP - RH
Comportamental
[B2C]
Redução de custos
OTIMIZAR
Interno!

# POSFÁCIO

# POSFÁCIO
# Encerrando o jogo e o livro

Chegamos ao final do nosso jogo e do nosso livro. Espero que você tenha aprendido a colocar as cartas certas no momento certo, na conveniência correta. Afinal, é assim que o ser humano funciona hoje em dia, e essa é a parte mais fascinante.

Da mesma forma que você construiu seu plano de implementação de ESG, você pode usar essa lógica para criar seu plano de ROI, sua estratégia para o presente *e* para o futuro, e até mesmo sua estratégia de vendas. Basta trabalhar com as primeiras cartas do jogo: os primários/imperativos, as 5 cartas de ações, as três cartas de cenário, as três cartas de implementação.

Lembre-se, este é apenas o começo, o primeiro treino de muitos. Como sempre digo, "treino difícil, prova fácil". Cada vez que apresento o Win Card Business Game é um treino intenso para mim. Espero ter despertado em você esse gosto pelos desafios, e que isso te ajude a alcançar seus objetivos com a resistência de um Ironman!

## Regras de ouro

Nesta primeira demonstração completa do jogo, você já tem uma base sólida para aplicar o Win Card Business Game na sua vida. O ponto de partida é sempre saber de onde você vem e aonde quer chegar.

Resumindo, primeiro você precisa ter um *joker* para iniciar as conversas, partindo da sua fortaleza e zona de conforto. Em seguida, estabeleça três princípios, abordando conversas horizontais ou temas atualizados relacionados ao seu *joker*. Depois, defina três cenários para implementação, sempre considerando como o ESG pode colaborar em cada um deles. Quer economizar, crescer ou transformar a empresa? Para cada cenário, há três implementações correspondentes: economizar-otimizar, transformar-inovar e escalar-crescimento.

Todo projeto de ESG deve ter esses três pontos, além das cinco ações "de backup" (as cartas na manga) para engajar o público quando necessário. Por fim, o Top 3 traz três diferenciais para a mesa, mostrando os benefícios que o projeto de ESG pode trazer para a empresa. Isso desperta o interesse das pessoas em ouvir você e demonstra a resiliência, o contexto e a confiança no ESG.

Ao longo desse processo, você cria seu próprio jogo, seu deck de cartas personalizado, seguindo estas regras:

## 1. Apresente no máximo três cartas por vez!

Trabalhe com até três cartas por reunião, pois três cartas costumam render uma hora de discussão (exceto com cartas estratégicas como o *joker*, que podem demandar várias reuniões para aprofundamento e autoconhecimento). Se trabalhar com mais do que três cartas, isso pode fazer você perder a audiência ou tornar o jogo muito complexo.

## 2. Divirta-se!

Crie uma carta de cada vez, mergulhando de forma visceral e profunda no processo. Se precisar refazer ou criar cartas, não hesite. Às vezes, dar um passo atrás traz mais vantagens do que seguir no caminho errado.

Continue rascunhando suas cartas até conseguir sair do outro lado. Se quiser, explore também sua parte pessoal, trabalhando mente e corpo, visão de negócios, comunicação, investimentos... Vale tudo!

Como especialista em vendas e ESG, meu *joker* coincide com o princípio de ESG do jogo. Mas o propósito real é ter abrangência para aplicar o jogo em qualquer área profissional ou pessoal. Pode ser na saúde, para quem busca emagrecer, ou em treinamentos e mentorias específicas. O princípio ESG pode e deve estar alinhado com todas as etapas do jogo.

Minha própria jornada é prova disso. Superei falências, obesidade e me tornei atleta de lronman, aplicando o método do jogo em cada área, assim como no mundo dos negócios e no ESG. Experiência empírica, psicologia aplicada e Gerenciamento de projetos, tudo que já abordei em meus três livros anteriores.

Parabéns por concluir este livro e por embarcar nessa aventura do Win Card Business Game! Que este seja apenas o início de uma trajetória de autoconhecimento, crescimento e sucesso, dentro e fora das organizações. Lembre-se: o jogo da vida é o mais importante de todos, e você tem todas as cartas na manga para vencê-lo!

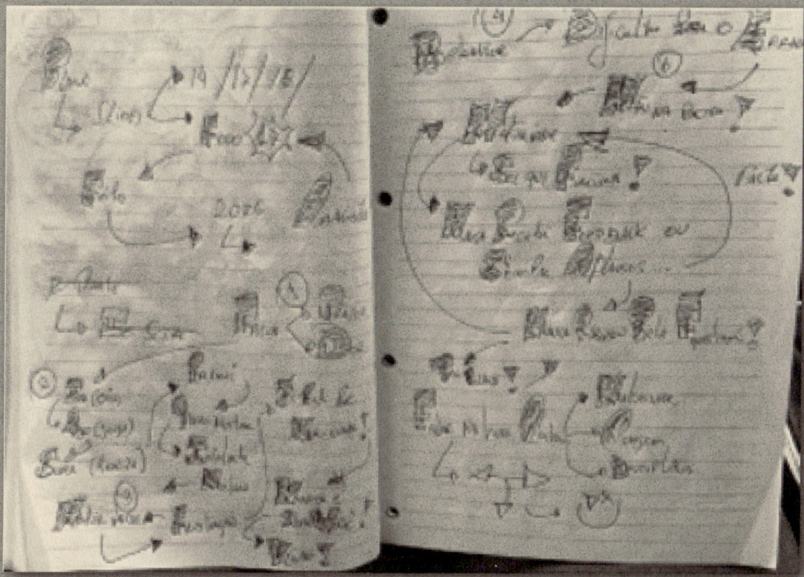

Sust.

1995
2005
2022
2011
2025...

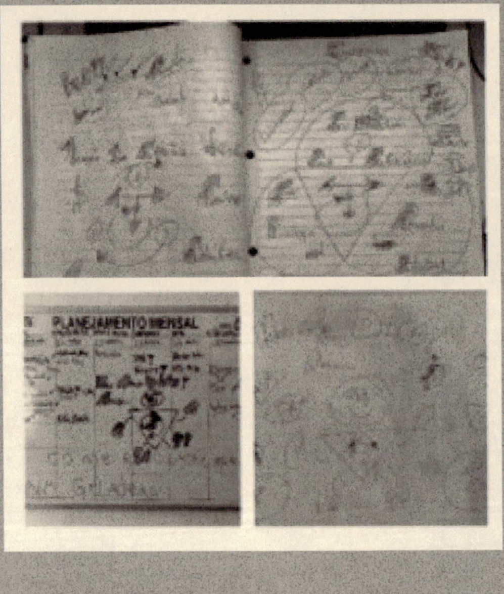
PLANEJAMENTO MENSAL

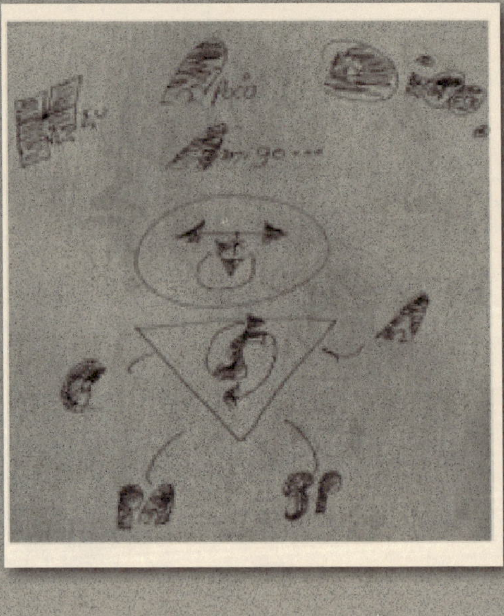

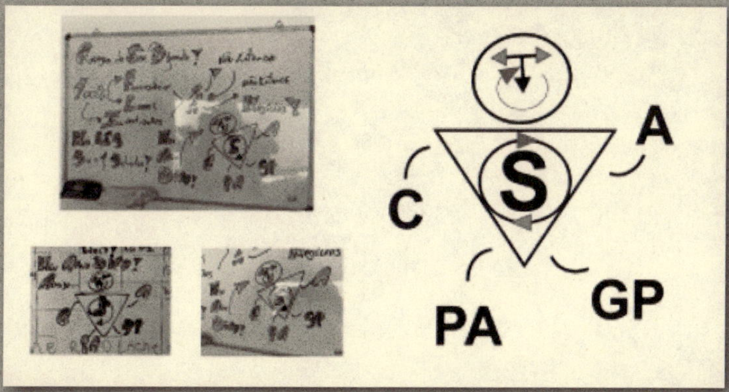
A
S
C
GP
PA

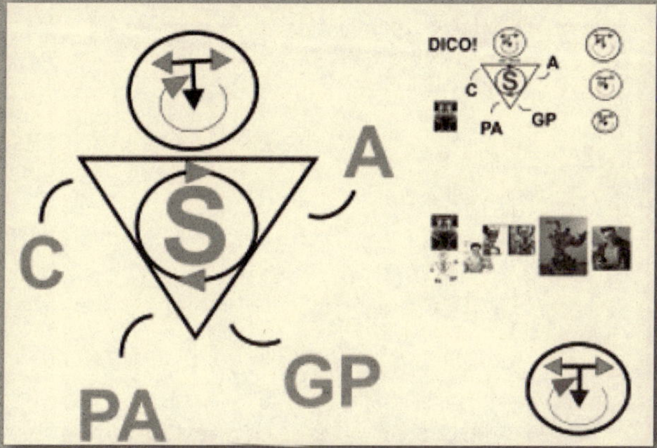
DICO!
A
S
C
GP
PA

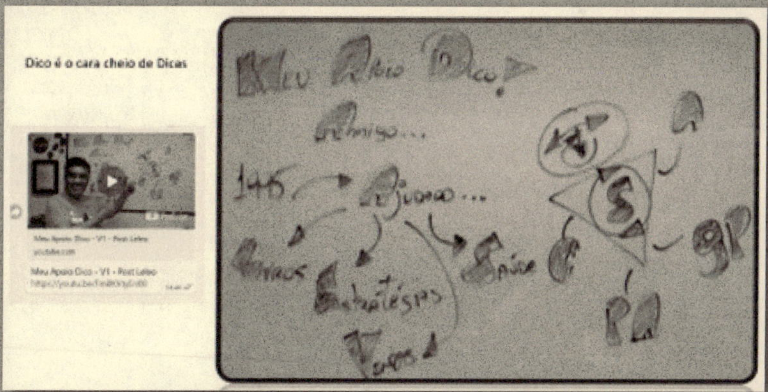
Dico é o cara cheio de Dicas

CICLOCAPIVARA
1760

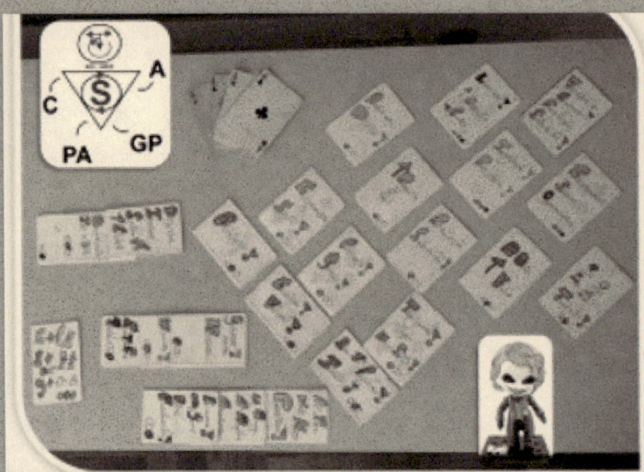
S
A
C
PA
GP

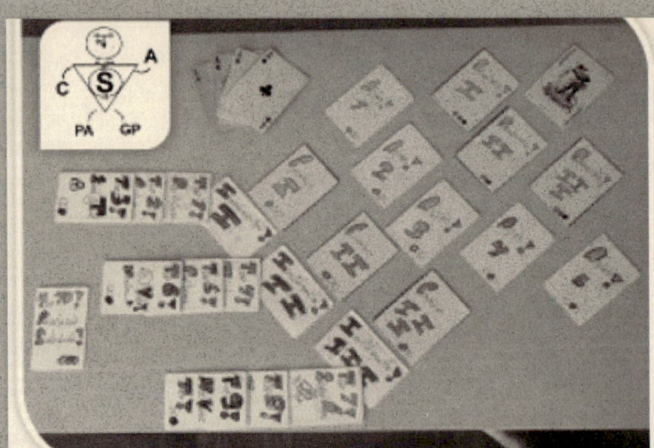
S
A
C
PA
GP